A NOS BIENFAITEURS

La Mission du Kiang-nan

Son histoire, ses œuvres

PARIS
J. MERSCH, IMPRIMEUR
4bis, AVENUE DE CHATILLON, 4bis

1900

LA MISSION DU KIANG-NAN

SON HISTOIRE, SES ŒUVRES

TABLE

Madame Candide Hiu petitte fille du Grand
Chancellier de la Chine, Jllustre pour sa pieté
Elle mourut le 24. octobre 1680 agée de 73.
ans dans la Prouince de Nankim.

A NOS BIENFAITEURS

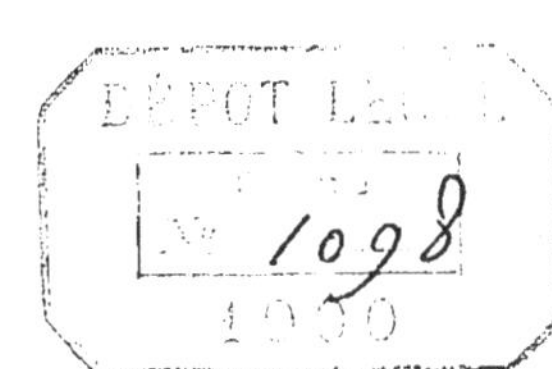

La Mission du Kiang-nan

Son histoire, ses œuvres

PARIS
J. MERSCH, IMPRIMEUR
4bis, AVENUE DE CHATILLON, 4bis

1900

A NOS BIENFAITEURS

Depuis plus d'un demi-siècle, la Mission du Kiang-nan n'a guère payé que par des prières sa dette de reconnaissance envers ses bienfaiteurs.

Sans doute, c'était le capital... Mais nous sentions depuis longtemps le besoin d'ajouter une prime d'intérêt à ce remboursement. Parler à nos généreux amis de nos œuvres, de nos espoirs, de nos épreuves, les initier à notre vie, en faisant passer sous leurs yeux les lettres de nos missionnaires, nous semblait le plus désirable projet.

Grâce à Dieu, nous sommes prêts à le réaliser. Désormais nous comptons envoyer régulièrement à nos bienfaiteurs le bilan de notre grande Mission chinoise : tantôt court peut-être et tantôt plus long; triste une année peut-être et ensuite joyeux; en un mot, fidèle écho des impressions du missionnaire et des faits historiques, tel sera ce bulletin.

Nous avons cru nécessaire de faire précéder cette publication, toute vivante et spontanée, variée aussi suivant le style et l'esprit de ses nombreux collaborateurs, de la présente étude, bien modeste et dépourvue de poésie sans doute, mais qui revendique pour elle l'opportunité d'une introduction nécessaire. Plus tard, pour se guider dans l'intelligence des lettres écrites par nos missionnaires, le lecteur, nous en avons la confiance, sera heureux de reve-

nir à ces pages, répertoire des hommes et des choses du Kiang-nan, pour un espace de trois cents ans.

Celui qui ne voudrait pas s'attarder à la lecture des tableaux qui composent nos deux premiers chapitres, spécialement écrits pour nos frères d'armes, pourra du reste les omettre et aborder du premier coup les détails concernant la « nouvelle Mission ».

Paris, 19 mars 1899.

LA MISSION DU KIANG-NAN

SON HISTOIRE, SES ŒUVRES

CHAPITRE PREMIER

AU XVIIe SIÈCLE

POSITION. — La Mission du Kiang-nan, ainsi appelée de l'ancienne province chinoise qui, depuis l'année 1667, a été subdivisée en deux nouvelles provinces, celle du Kiang-sou à l'est, celle du Ngan-hoei à l'ouest (1), occupe la partie la plus orientale de la Chine proprement dite. Le grand fleuve Yang-tse-kiang ou fleuve Bleu la traverse de l'ouest à l'est, et, grâce aux vapeurs qui chaque jour le remontent et le descendent, permet aux missionnaires de se porter en quarante-huit heures d'un bout à l'autre du Kiang-nan.

POPULATION ET ÉTENDUE. — Cette double province, soumise, ainsi qu'une autre, celle du Kiang-si, à un vice-roi dont la demeure est à Nan-king, « Cour du Sud », et à deux gouverneurs résidant respectivement à Sou-tcheou et à Ngan-king, pour le Kiang-sou et le Ngan-hoei, ne renferme pas moins de 50 millions d'habitants. C'est beaucoup, c'est trop, pour un territoire notablement inférieur à celui de la France (2). Aussi la pauvreté est-elle générale, même dans les contrées réputées les plus fertiles en riz et en coton, les deux productions par excellence de la province.

COMMUNICATIONS PAR EAU. — Outre le fleuve Bleu, dont la direction générale, de Chang-hai à Tchen-kiang est nord-ouest, puis sud-

1. Appelées encore vulgairement Chang-kiang et Hia-kiang, « Fleuve supérieur et inférieur » ; tandis que Kiang-nan signifie « Sud du fleuve ».
2. Élisée Reclus donne à nos deux provinces 244.000 kilomètres carrés, les cinq onzièmes de la France. Le même auteur leur attribue 76.243.912 habitants, ni plus ni moins, ce qui ferait une population quatre fois plus dense que celle de la France. Il est vrai que le *Daily Mail* ne donne que 41.501.459 habitants, ni plus ni moins.

ouest de cette ville à Ngan-king, notre Mission possède deux autres grandes artères de communication par eau. A la hauteur de Tchen-kiang, à 45 milles en aval de Nan-king, le fleuve coupe à angle droit le Grand canal qui unit Hang-tcheou, capitale de la province du Tché-kiang, à la Cour de Pé-king. Bien déchue de son ancienne splendeur et fort mal entretenue, cette voie d'eau, une des anciennes merveilles de la Chine (1), dont la direction est sensiblement nord, puis nord-est, nous est des plus utiles pour gagner la zone septentrionale du Kiang-nan. Sur sa rive occidentale, à la hauteur de Hoai-ngan, vient déboucher la rivière Hoai, qu'on peut remonter à toute époque jusqu'à la limite ouest du Ngan-hoei. Je n'insiste pas sur ces notions un peu sèches, qu'un simple coup d'œil jeté sur nos cartes fera comprendre sans peine.

PREMIERS CHRÉTIENS. — Les premiers chrétiens du Kiang-nan remontent à l'époque du P. Matthieu Ricci. L'un des plus illustres est le fameux ministre d'État ou Colao Siu Koang-ki, dont l'influence fut si avantageuse à la propagation de la foi (2). Il avait reçu le baptême en 1603 et s'était rendu à Pé-king pour y préluder à ses hautes fonctions. En 1607, la mort de son père le força de revenir à Chang-hai, sa ville natale, pour y passer trois années, le temps du deuil légal. Le P. Cattaneo l'accompagna dans cette ville, où il jeta les fondements de la plus nombreuse et brillante chrétienté qu'ait jamais comptée la Chine. Chang-hai, sous-préfecture située à l'embouchure du fleuve Bleu, est devenu, de nos jours, le port le plus actif de l'Extrême-Orient; mais, longtemps avant l'arrivée des commerçants européens, le nombre considérable des chrétiens dans cette plaine l'avait fait désigner par les Chinois païens eux-mêmes sous le nom de *Siao-si-yang* « Petite Europe ». Candide Hiu, petite-fille de Paul Siu, continua, sous la dynastie mandchoue des Ta-tsing, le rôle bienfaisant que son grand et saint aïeul avait exercé sous les Ming, envers la religion chrétienne.

CANDIDE HIU. — Candide Hiu, que nous venons de nommer, restera à jamais le type le plus insigne des bienfaitrices de l'Église de Chine. La mort l'enleva en 1680, âgée de soixante-treize ans. Ce fut un deuil pour tous. « Tous les pauvres, écrit le P. Couplet, la pleurerent comme leur mere, les Eglises de la Province (du Kiang-nan) perdirent un modéle de toutes sortes de vertus, et tous les Missionnaires de la Chine leur unique ressource dans tous leurs besoins. Ils ressentiront long-

1. On peut consulter à ce sujet *le Canal impérial* (*Variétés sinologiques*, n° 4), par le P. D. Gandar.

2. Le P. Laurent Li a publié, en chinois, la vie de ce grand homme, né en 1562, reçu docteur en 1604, mort saintement en 1633.

temps cette perte, si Dieu n'inspire à quelque Dame d'Europe de prendre la place de cette illustre Veuve, pour avancer par de semblables secours les progrés de la religion (1). » Donnons un exemple, entre beaucoup d'autres, de cette rare générosité. Candide « apprit un jour, par une Lettre de son Directeur, que les Peres Missionnaires étoient dans une si grande necessité, qu'ils n'avoient pas de quoy vivre. Elle en fut si vivement touchée que, courant à l'heure même à sa Chapelle domestique, elle se prosterna aux pieds du crucifix, et s'engagea par vœu de fournir à ces Peres tous les secours necessaires, déterminant en même temps de leur donner à chacun deux cens écus d'or, pour les tirer de la necessité pressante où ils étoient; ce qui faisoit une somme de vingt-deux mille livres, pour vingt-cinq missionnaires. Elle renouvela ce vœu cinq fois le jour, jusqu'à ce qu'elle eût le moyen d'y satisfaire, comptant à son Pere Directeur elle-même toute la somme, et le chargeant d'envoyer dans les Provinces de la Chine où ils étoient distribuez, les deux cens écus d'or, destinez pour chacun d'eux. Pour ôter à ces Peres les occasions de scrupules que la délicatesse de leur zele auroit pû faire naistre, elle écrivit au P. François Brancati, qui travailloit au salut des ames dans *Xam-hai* (Chang-hai) : « Ne pensez « pas, mon Pere, que j'ôte rien à mes enfans, quand je donne de quoy « faire subsister mes Peres ; c'est du seul travail de mes mains et de « celui de mes filles. Car, ajoûta-t-elle, il y a plus de trente ans que je « m'applique avec elles à divers ouvrages, et qu'ayant fait par mon « travail une somme de quelques milliers d'écus, je les ay fait valoir « par le moyen de deux de mes serviteurs *Puon* et *Chao*, que vous « connoissez. Ils ont mis mon argent en commerce, et leur trafic a « toûjours si bien réüssi et par leur sage conduite, et par la benediction que Dieu y a donnée, qu'ils se sont faits riches tous deux, et « m'ont acquis assez de bien pour pouvoir vous en faire part. Ainsi, « ne craignez pas, mon Pere, qu'il y ait rien de mal acquis en cet « argent que je vous donne pour aider à l'entretien de vos Peres. Il « n'y entre rien du bien de mon fils, ni des revenus de ses charges. Je « ne voudrais pas que l'argent qui lui revient de ses emplois, fût employé et servît à l'entretien de vos Missions, parce que je ne sçay « si les moyens dont cet argent revient aux Magistrats dans les Tribu- « naux où ils exercent la justice, sont toûjours bien légitimes (2). »

BIENFAITRICES FRANÇAISES. — Les vœux du P. Couplet devaient être entendus des âmes généreuses de France. En 1688, l'année même où paraissait à Paris la vie édifiante de Candide Hiu, dédiée par son auteur à une marquise, les premiers membres de la Mission française

1. *Histoire d'une Dame chrétienne*, Paris, 1688, p. 146.
2. *Op. cit.*, pp. 26 à 28.

envoyée par Louis XIV en Extrême-Orient, arrivaient à Pé-king, et commençaient en Chine un apostolat qui, pendant un siècle, fut surtout soutenu par la générosité des bienfaitrices françaises. Déjà des « Dames de Paris » avaient fondé, pour la formation du clergé indigène, des pensions en Chine (1). Désormais cet exemple allait être imité, et l'on vit dans notre patrie bon nombre de « dames pieuses, travaillant comme Candide Hiu à la conversion des Chinois, en procurant aux Missionnaires les secours qui peuvent y contribuer (2) ». Ce sont ces actes de charité qui nous ont valu la précieuse collection des *Lettres édifiantes*, préludes de tant d'autres ouvrages publiés depuis lors en France pour remercier des bienfaiteurs et émouvoir leur pitié par le récit de nouveaux besoins. Aujourd'hui encore, à deux siècles d'intervalle, nous pouvons répéter à des cœurs, qui ne se lassent pas de donner, ces paroles, terminant une lettre d'un des plus illustres quêteurs français de l'ancienne Église de Chine : « Il y a lieu de croire que nous ne vous serons pas toujours à charge ; quand le nombre des chrétiens riches et puissans se sera accru, c'est à la Chine et non point en Europe que nous ferons connoître les nécessités de cette chrétienté ; mais l'heure n'est pas encore venue (3). »

HISTOIRE. — Avant de montrer la Mission du Kiang-nan telle qu'elle est aujourd'hui, nous demandons à nos lecteurs de nous suivre dans la rapide histoire que nous allons en retracer pour les trois siècles qui viennent de s'écouler (4). Ce récit, décevant parfois si l'on se place au point de vue purement humain, montrera quels efforts toujours généreux, souvent héroïques, ont été tentés par l'Église et par la Compagnie de Jésus pour l'évangélisation de cette grande province chinoise.

RÉSUMÉ DE TROIS SIÈCLES. — Le XVIIe siècle montrera une poignée d'ouvriers apostoliques, cinquante au plus dans ce long espace, fondant et développant sans aucun secours humain, dans la contrée réputée la plus policée de la Chine, une chrétienté prospère atteignant,

1. *Op. cit.*, p. 149.
2. *Ibid.*, p. 148.
3. Cette lettre du P. de Prémare au P. Le Gobien, datée au Kiang-si du 1er novembre 1700, est particulièrement intéressante ; elle signale « les besoins de nos pauvres églises », et suggère des industries pour leur venir en aide.
4. Pour les deux premiers siècles, nous ne ferons guère que résumer les notices manuscrites laissées par notre regretté P. Louis Pfister ; pour la troisième période, qui s'ouvre en 1842, nous nous servirons surtout d'un mémoire écrit par le P. Louis Sica, en 1888, d'après les archives de la Mission. L'histoire générale des Missions de Chine par la Compagnie de Jésus est encore à faire. Outre de nombreux documents restés jusqu'ici inédits, plusieurs ouvrages ont préparé les éléments de cette histoire. On peut en voir la nomenclature dans la *Bibliotheca sinica* de notre savant ami, M. Henri Cordier.

par de lents mais sûrs accroissements, le chiffre de 100.000 fidèles. Les Italiens se distinguent entre tous dans cette œuvre : après Ricci, il faut nommer parmi eux Cattaneo, Vagnoni, Aleni, Sambiaso, Brancati, de Gravina, Gabiani, tous singulièrement méritants du Kiang-nan. Leurs compagnons, appartenant à huit autres nations, se montrent dignes imitateurs de leur zèle. Maintes persécutions, celles surtout de Chen Kio (1616) et de Yang Koang-sien (1664), éprouvent les missionnaires ; mais les Jésuites qui demeurent à la cour de Pé-king, sous la dynastie chinoise des Ming, comme sous les Tartares Ta-tsing, finissent par concilier à eux-mêmes et à leurs frères des provinces la protection de l'empereur. Le commencement du second siècle marque l'apogée de l'Église chrétienne en Chine. Des éléments nouveaux viennent bientôt entraver cet essor et précipiter une décadence dont le Kiang-nan subira le fâcheux contre-coup. L'institution des Vicaires apostoliques et l'intervention d'ouvriers étrangers à la Compagnie donnent occasion à l'irritante question des Rites ; les Jésuites sont dénoncés et condamnés à Rome ; l'empereur Kang-hi, humilié de ces décisions qui l'atteignent, s'en venge sur-le-champ et transmet en germe à ses successeurs la haine des persécuteurs. Désormais l'Église de Chine, celle en particulier du Kiang-nan, ne fera plus que dépérir. Cette dernière, longtemps soutenue dans ses malheurs par l'héroïque évêque Laimbeckhoven, compte à peine, au moment de la suppression de la Compagnie, le tiers de son ancien effectif de chrétiens. Abandonnée alors pendant un demi-siècle aux soins d'un clergé indigène qui conserve providentiellement ce dépôt, nous la verrons ressusciter en 1842 et, rendue aux frères de Ricci, regagner peu à peu son ancienne splendeur, aidée cette fois du protectorat de la France.

ENTRÉE EN CHINE. — C'est le P. Matthieu Ricci qui, le premier, mit le pied sur cette terre du Kiang-nan et y créa un établissement. Il suivit, pour s'y rendre, le long chemin qui, pendant un siècle environ, devait être le seul pratiqué par les missionnaires de la Compagnie de Jésus, partant de la cité portugaise de Macao à destination de Pé-king. On remontait, dans la province de Koang-tong, une rivière conduisant jusqu'aux passes de Mei-ling ; puis, sur le territoire du Kiang-si, l'on en redescendait une autre allant droit vers le nord et se jetant, à l'extrémité du lac Po-yang, dans le fleuve Bleu. La traversée continuait alors vers l'est sur le Kiang, à travers la province du Kiang-nan ; on laissait Ngan-King sur sa gauche, Tche-tcheou, Ou-hou, Nan-king sur sa droite ; puis, à la hauteur de Tchen-kiang, sise aussi sur la rive droite, on s'engageait dans le grand canal impérial, traversant les préfectures de Yang-tcheou et de Hoai-ngan, dans la direction de Pé-king.

RICCI A NAN-KING. — Déjà, en 1595, dans un premier essai de voyage vers la capitale du Nord, Ricci avait dû s'arrêter à Nan-king; il en était bientôt chassé par un haut fonctionnaire qui naguère lui avait promis son appui et craignait aujourd'hui d'être compromis par ses relations avec un étranger. Trois ans plus tard, Ricci, qui vient de fonder une résidence à Nan-tchang-fou, capitale du Kiang-si, reprend son projet et repasse par Nan-king; il est reçu avec faveur par le gouverneur du Kiang-nan, résidant alors à Kiu-yong. A son retour du Nord, il regagne Nan-king en passant par Sou-tcheou et Tchen-kiang; au commencement de 1599, il loue d'abord et bientôt achète, dans la capitale du Sud, une maison où il reçoit les visites de nombreux lettrés. Là, il est consolé par la conversion d'un mandarin militaire et de toute sa famille, qui trouvent autour d'eux des imitateurs.

SES SUCCESSEURS. — Le 18 mai 1600, Ricci quittait de nouveau Nan-king pour le Nord d'où il ne devait plus revenir; il laissait cette chrétienté naissante au P. Lazare Cattaneo et au P. Jean de Rocha. C'est ce dernier qui, en 1603, baptisa, sous le nom de Paul, Siu Koang-ki, se rendant à Pé-king pour y subir les épreuves du doctorat. En 1604, Cattaneo quitte Nan-king pour Macao; le P. Pierre Ribeiro vient le remplacer. C'est encore le P. de Rocha qui, en 1605, baptisait sous le nom d'Ignace, Kiu Tai-sou, un lettré lié depuis longtemps d'amitié avec Ricci et dont le Fr. François Martinez avait achevé la conversion. La parole de ces premiers apôtres de Nan-king fut bénie, car, dans des lettres datées de novembre 1607, Ricci lui-même nous apprend que quatre-vingt-seize baptêmes y avaient été administrés dans le courant des années 1606 et 1607 (1). A partir de 1605, tandis que le P. de Rocha allait évangéliser le Kiang-si, la chrétienté de Nan-king continua de prospérer sous la conduite des PP. Alphonse Vagnoni et Félicien da Sylva. Ce dernier y mourut en 1614, objet de la vénération publique. « Quand nous donnerions, disaient les néophytes à la nouvelle de sa mort, tout notre sang et le sang de nos enfants, pour rendre la vie au P. da Sylva, ce ne serait rien auprès de ce qu'il a fait pour notre salut. » Nous verrons bientôt que ces mêmes chrétiens se montrèrent, dans l'épreuve, dignes du Père qui leur avait inspiré une telle affection.

CATTANEO A CHANG-HAI. — Vers le même temps, Cattaneo, revenu de Macao, où il avait dû se disculper aux yeux des autorités

1. On peut lire dans l'ouvrage du P. Nic. Trigault : *De Christiana expeditione apud Sinas*, lequel a eu une traduction française, les détails les plus circonstanciés sur cette époque si intéressante des fondations en Chine, jusqu'à la mort de Ricci. Bartoli, dans sa *Cina*, a conduit l'histoire de la Mission de Chine jusque vers le milieu du XVIIe siècle; du Halde l'a menée sommairement jusqu'au siècle suivant.

chinoises du crime de conspiration, était invité par Siu Koang-ki à se rendre à Chang-hai, où ce dernier s'était retiré pour porter le deuil de son père. C'était en 1608. La famille Siu possédait dans l'enceinte murée de cette ville une résidence où le Père fut admis et qui devint bientôt le berceau de la foi dans ces contrées. Grâce à l'influence de cette famille profondément chrétienne, et grande aux yeux du monde, de nouvelles conversions se firent. Dans les deux années que Cattaneo demeura à Chang-hai, il baptisa deux cents païens et prépara l'abondante moisson qui n'allait point tarder à mûrir. Il passa ensuite à Hang-tcheou, nouvelle chrétienté qui désormais partagera ses soins avec un égal succès, soutenue surtout par les exemples et l'autorité du docteur Michel Yang.

ÉGLISE DE NAN-KING. — Après plusieurs années consacrées principalement à l'étude de la littérature chinoise, étude qui lui permit, ainsi qu'à la plupart des grands missionnaires de cette époque, de développer les vérités de notre foi dans les livres qu'ils distribuaient, Vagnoni avait aidé le P. de Rocha dans son apostolat. En 1609, la conversion faite par lui d'un des plus hauts mandarins de Nan-king, l'avait mis en lumière. Le 3 mai 1611, il dédia au « Seigneur du Ciel » le premier temple qui lui ait été élevé dans cette capitale. Sur le mur on avait écrit en grands caractères : *Deo Optimo, Maximo, Nankin in aula antiquorum Imperatorum Sinensium, primum templum erexerunt et dicaverunt Patres Societatis Jesu, 3ª Maïi 1611*. En 1613, il fut rejoint par le P. Alvarez de Semedo, qui arrivait très à propos pour être le témoin et le compagnon de ses succès et de ses souffrances. A cette époque, au témoignage du P. Longobardi, depuis 1610 successeur de Ricci comme Supérieur général de la Mission de Chine, la chrétienté de Nan-king était une des plus belles de la Chine. Les conversions s'y faisaient en grand nombre, même parmi les lettrés, et là, comme à Pé-king, comme à Chang-hai, une congrégation de la très sainte Vierge donnait les exemples de toutes les vertus chrétiennes.

ALENI A YANG-TCHEOU. — En 1615, le P. Jules Aleni, qui avait accompagné Siu Koang-ki de Pé-king à Chang-hai, reçut l'ordre de se rendre à Yang-tcheou pour y enseigner les sciences européennes à un grand mandarin de cette ville. Il fit mieux encore, il convertit son disciple auquel il donna le nom de Pierre. L'exemple de cet homme attira d'autres néophytes, cette même année et l'année suivante. Et tels furent les premiers fondements de cette chrétienté.

PERSÉCUTION DE CHEN KIO. — C'est juste à cette époque, si pleine d'espérances, qu'allait s'élever une terrible persécution et c'est de Nan-king què partirent les premiers coups. En mai 1616, un Assesseur du Ministère des Rites dans cette ville, nommé Chen Kio, dénonça la loi chrétienne dans un mémoire adressé à l'empereur Wan-li. Les principaux griefs du dénonciateur contre les missionnaires étaient l'emploi du mot *Ta*, « Grand », pour qualifier leur patrie et leur religion, leur établissement auprès d'une résidence impériale, la possession d'une maison de campagne au dehors de la ville... Ces faits concouraient à établir la conspiration des étrangers contre la sûreté de l'État. Chen Kio concluait à la peine capitale contre les missionnaires et leurs adeptes. Vainement les docteurs chrétiens de Pé-king s'efforcèrent de conjurer l'orage ; Chen Kio avait gagné la complicité d'un Président de son Ministère, et de nouveaux mémoires avaient été envoyés à Pé-king. Le 20 août, l'ordre fut envoyé partout de se saisir des missionnaires et de les emprisonner. Vagnoni et Semedo subirent, devant les tribunaux de Nan-king, des violences et des outrages sans nom. Le Fr. Sébastien Fernandez, le premier Chinois admis dans la Compagnie, eut part à ces mauvais traitements, ainsi que son frère Jean; le courage des deux frères au milieu des tortures fut digne des Pères qui les avaient formés. Plusieurs chrétiens souffrirent alors avec constance la dégradation, les tortures, la prison; deux d'entre eux moururent avec joie en confessant leur foi.

EXIL A MACAO. — Ayant passé plusieurs mois en prison, les deux Pères comparurent de nouveau devant Chen Kio, et après de nouvelles injures se virent enfin condamnés à l'exil. « On nous mit, raconte Semedo, dans une cage de bois fort estroicte, avec une chaine au col, les fers aux mains, les cheveux longs, les habits mal adjustez, en témoignage que nous estions des estrangers et des barbares, et ainsi renfermez comme bestes, on nous porta le 30° avril 1617 de la prison à un tribunal pour faire seller nos cages du seau du Roy... On portoit devant nous trois grandes tables avec la sentence du Roy escrite en grosses lettres, et défendant à tous les Chinois d'avoir aucun commerce avec nous. En cet équipage nous sortîmes de Nanquin, renfermez dans nos cages l'espace de trente jours », jusqu'à la province de Koang-tong (1). Quelques jours après, ils arrivaient à Macao, lieu commun d'exil de la plupart des missionnaires. Le P. Semedo, remarquant « le grand nombre de persécutions qu'ont souffertes les missionnaires, ajoute : Pour satisfaire à ma curiosité, j'en ai fait un recueil;

1. Le passage cité plus haut est tiré de l'*Histoire universelle du grand royaume de Chine*, par le P. Alv. Semedo. — Un recueil chinois, du nom de *Pou-sié-tsi*, composé par les ennemis de la religion chrétienne, imprimé vers 1639 et plusieurs fois réédité, notamment au Japon, contient des pièces fort curieuses sur cette persécution.

jusqu'à celle de Nan-king (pendant une durée de trente-cinq ans), j'en ai compté cinquante-quatre... » Depuis lors, les choses n'ont point changé en Chine.

CHRÉTIENTÉ DE KIA-TING. — Plus dangereuse que toutes les précédentes, la persécution de Chen Kio fut toutefois moins implacable que d'autres dont nous aurons à parler. Plusieurs Pères, protégés par les docteurs chrétiens, avaient pu rester à leur poste. Tels furent entre autres les PP. François Sambiaso et Lazare Cattaneo ; le premier, chassé de Pé-king, se réfugia à Kia-ting, sur les instances du docteur Ignace, vice-roi du Chan-tong, qui lui fit préparer une chapelle et « toute la commodité du logement ». Il y fut remplacé par le second, qui, en 1620, fondait une maison de la Compagnie chez le dit docteur Ignace qu'il avait naguère converti. « Il y ouvrit une école, lisons-nous dans la Relation de 1621, car c'est un lieu fort commode pour apprendre la langue en sa perfection. Le Docteur Ignace y bâtit une maison; la chapelle étoit le lieu le plus dévotieux que l'on peust souhaitter; les chambres, les offices étoient si bien disposés qu'il sembloit avoir veu nos collèges qui sont en l'Europe. Le jardin mesme n'y manquoit pas, le vivier et le petit bocage... » Le P. Ferreira vint y enseigner le chinois « à deux qui estoient venus de nouveau, sçavoir le P. Jean Terentio (Schreck) et le P. François Heurtado (Furtado). Or encore que l'on eust commandé à nos Pères de vaquer plus tost aux estudes, que non pas à la prédication, néanmoins on en a déjà baptisé soixante. » Cette chrétienté, ainsi que celle de Chang-hai, reçut alors plus d'une fois la visite du P. Semedo, revenu de l'exil de Macao dès 1620. Un peu plus tard, ce fut le P. de Rocha qui vint bâtir l'église de cette nouvelle résidence, où devait, en 1628, se tenir, sous la présidence du Père Visiteur, André Palmeiro, la seconde conférence sur les Rites chinois et sur les termes désignant la divinité.

LE P. VAN SPIERE. — La ville de Nan-king elle-même n'avait point été complètement abandonnée pendant la tourmente. Vers 1619, nous y trouvons le courageux P. Pierre van Spiere. « Les fidèles prélevèrent quelques sapèques sur leur pauvreté et achetèrent dans la ville une vaste maison, dont deux pauvres ouvriers occupèrent la façade, tandis qu'au fond il y avait une chapelle et une petite chambre pour le Père. Un mandarin, Luc Tchang, lui construisit une autre résidence dans une autre ville de la province, et le docteur Pierre une troisième à Yang-tcheou. Et, de ces trois centres, le P. van Spiere rayonnait sur tous les points de son district. » En 1621, il eut, rien qu'à Nan-king, 52 baptêmes. C'est vers la même époque qu'ému de pitié pour les enfants abandonnés ou tués par leurs parents, il détermina les chrétiens à recueillir ces pauvres créatures et à pourvoir aux frais d'allaitement : il était le précurseur de l'Œuvre admirable de la Sainte-Enfance.

NAN-KING EN 1662. — En 1621, les docteurs chrétiens procuraient aux PP. Emmanuel Diaz (*junior*) et Longobardi le moyen de rentrer à Pé-king. Mais alors que la capitale du Nord reconnaissait officiellement la présence des missionnaires, celle du Sud, excitée par la haine de Chen Kio, accentua davantage son hostilité contre la religion; en 1622, la révolution de palais qui renversa le persécuteur n'empêcha pas une recrudescence de la haine mandarinale à Nan-king, où un chrétien mourut encore pour la foi.

ALENI A TCHANG-CHOU. — L'année suivante, 1623, bien que la persécution fût à peine assoupie, le P. Jules Aleni fut appelé à Tchang-chou par Matthieu Kiu, fils de Kiu Tai-sou, pour y fonder une nouvelle chrétienté, qui se développa par les soins du docteur Thomas, cousin de Mathieu, baptisé dans cette ville par le P. Aleni. En quelques semaines, cette chrétienté comptait plus de 220 néophytes, parmi lesquels l'oncle du docteur Thomas, qui devint un de ses plus fervents soutiens.

LE P. SAMBIASO. — L'un des principaux ouvriers de la Mission du Kiang-nan, à cette époque difficile, fut le P. Sambiaso que nous avons déjà vu à Kia-ting. En 1622, forcé de quitter Pé-king où il était rentré le premier, il revient à Chang-hai et prend soin des nombreux chrétiens qui se trouvent dans la grande plaine. Voici quelques chiffres qui donneront une idée de son zèle et de ses succès. Pendant une visite à Song-kiang, il baptisa 90 personnes dans une seule famille, et 25 jeunes bacheliers; quelques mois après, il avait 89 baptêmes, puis 12 autres dans un village voisin. Après un séjour de plusieurs années au Chan-si, au Ho-nan, au Chan-tong, il est renvoyé à Nan-king, où il baptise, en 1634, jusqu'à 600 adultes, malgré les préjugés très vivaces de haine entretenus dans les tribunaux de cette ville contre le nom chrétien. Un rescrit arrive de la Cour, lui assignant un rôle de collaborateur avec les missionnaires astronomes de Pé-king. Cette distinction officielle achève de consolider son œuvre de réparation. Du reste, ses travaux apostoliques et scientifiques à Nan-king ne l'empêchent pas de visiter d'autres postes : dans une de ses excursions, par exemple, il baptise 300 personnes à Tchang-chou.

SES AIDES. — Il est aidé dans ses travaux par les PP. Jean Froez et Pierre Ribeiro; le premier, fixé principalement au Tché-kiang, de 1624 à 1738, date de sa mort; le second, arrivé en 1604 à Nan-king où il avait passé plusieurs années, ainsi qu'à Chang-hai. Nous retrouvons ce Père dans cette dernière ville en 1630, puis en 1634, où il a 414 baptêmes d'adultes; l'année suivante, il en a 320 à Nan-king. Il avait été moins heureux en 1626 : chassé alors de Nan-king avec le P. Em. Diaz, il se vit successivement expulsé de Song-kiang et de Chang-hai et ne trouva enfin de refuge qu'au Tché-kiang.

HOAI-NGAN. — Une autre fois, en 1638, laissant aux PP. Fiva et Walta qui venaient d'arriver, la chrétienté de Nan-king, Sambiaso se rend à Hoai-ngan, où l'appelaient de jeunes lettrés. Lorsqu'il quitta cette ville, il avait converti et baptisé trois mandarins, dont l'un de sang impérial, 30 personnes de qualité, 27 lettrés, 80 femmes et autant d'hommes du peuple. Il évangélisa avec le même succès, mais à des époques diverses jusqu'en 1644, Yang-tcheou, Sou-tcheou, et d'autres villes du Kiang-nan. Dans la seule année 1640, il eut 700 conversions.

NAN-KING. — En 1641, il bâtit une église en l'honneur des Saints Anges, sur une colline située dans la ville de Nan-king, et l'éclat donné à la cérémonie d'ouverture détermina de nombreuses conversions. Là, comme à Chang-hai, des vierges chrétiennes donnaient aux populations païennes l'exemple des plus grandes et des plus délicates vertus; la chrétienté semblait à son apogée lorsqu'un changement de dynastie vint priver le troupeau de son pasteur. En 1644, Tchong-tcheng, empereur des Ming, se suicide dans son palais de Pé-king pour échapper aux vainqueurs Mandchous qui s'emparent du pouvoir. Un prince de l'ancienne dynastie, habitant alors Hoai-ngan, est reconnu par les partisans des Ming comme empereur légitime, sous le nom de Hong-koang, et ce monarque, qui bientôt allait être livré par un traître, dépêche à Macao le P. Sambiaso pour implorer des Portugais les secours dont il a besoin (1).

BRANCATI A CHANG-HAI. — D'autre part, les chrétientés de Chang-hai continuaient à prospérer; de 1631 à 1634, elles avaient été évangélisées par le P. Augustin Tudeschini; mais c'est surtout au P. François Brancati qu'elles durent leur prodigieux accroissement. Ce Père était arrivé au Kiang-nan en 1637. Deux ans après, il baptisait, avec le P. de Gravina, à Chang-hai et aux environs, 1.124 infidèles, 1.240 et plus l'année suivante.

A TSONG-MING. — C'est en 1639 que Brancati, invité par Siu Ki-yuen, le fameux médecin qu'il avait baptisé à Chang-hai l'année précé-

1. Le P. Martin Martini, dans son *De bello tartarico historia*, et plusieurs autres écrivains ont donné l'histoire de cette période tourmentée.

dente, se rendit dans l'île de Tchong-ming (vulgairement Tsong-ming), où il baptisa la famille de son prosélyte. Telles furent les prémices des 20.000 chrétiens que comptent aujourd'hui cette contrée si intéressante et sa colonie de Hai-men.

CHANG-HAI, SONG-KIANG, SOU-TCHEOU. — Signalons seulement quelques faits notables de cette longue et si fructueuse carrière. En 1641, à Chang-hai, funérailles solennelles du docteur Paul Siu, mort en 1633 à Pé-king, et dont le corps, rapporté dans sa patrie, avait été conservé dans une villa en dehors de la ville. En 1644, année de la conquête tartare (1), troubles graves à Chang-hai; Brancati parvient à les conjurer, grâce à l'appui des mandarins dont il a su se faire des amis; puis il dirige et développe le mouvement des conversions avec un bonheur soutenu jusqu'à la grande persécution de 1665. Par exemple, en 1648, il a 1.142 baptêmes, et, en 1661, il écrit au P. Goswin Nickel qu'il n'y a pas d'année où il ne baptise 2.000 ou 3.000 infidèles et même plus. Il dirigea la conscience de Candide Hiu, cette grande aumônière dont j'ai parlé plus haut. C'est avec les ressources que lui procura cette sainte femme qu'il bâtit une nouvelle église à Chang-hai, vers 1642; puis, en 1658, une autre église et une résidence à Song-kiang, patrie de Mme Hiu, et une autre encore à Sou-tcheou.

CONGRÉGATIONS. — Pendant trente ans environ, le P. Brancati, aidé souvent par un ou deux compagnons, préside à ce consolant mouvement. Les congrégations lui sont d'un secours immense pour pourvoir aux besoins d'une telle multitude. A la veille de la persécution de Yang Koang-sien, en 1664, il en a six différentes. La première, de la Passion, pour les hommes, comptait 33 confréries, où les chrétiens les plus fervents s'assemblaient pour méditer les mystères de la Passion de Notre-Seigneur; la seconde, des Saints-Anges, pour la jeunesse et l'éducation des enfants, avec 40 confréries; la troisième, de la Sainte-Vierge, avec 140 confréries, pour les femmes; la quatrième, de Saint-Louis de Gonzague, pour les étudiants; la cinquième, de Saint-Ignace, pour les lettrés. Les bacheliers qui faisaient partie de cette dernière congrégation s'assemblaient le premier jour de chaque mois; chacun préparait des sermons et des instructions sur les principales vérités de la foi, et s'ils étaient jugés d'une saine doctrine, on les envoyait prêcher dans les églises où les Pères ne pouvaient se rendre. La dernière congrégation, la plus importante de toutes, était celle des catéchistes,

1. Voici l'ordre de succession des empereurs de la nouvelle dynastie : 1, Choen-tche, en 1644; 2, Kang-hi, en 1662; 3, Yong-tcheng, en 1723; 4, Kien-long, en 1736; 5, Kia-king, en 1796; 6, Tao-koang, en 1821; 7, Hien-fong, en 1851; 8, Tong-tche, en 1862; 9, Koang-siu, en 1875.

sous la protection de saint François-Xavier. C'étaient eux qui, parcourant sans cesse les bourgs et les campagnes, préparaient les catéchumènes au baptême, exhortaient les païens, veillaient sur les néophytes et déjouaient les artifices des hommes hostiles au christianisme.

AUXILIAIRES. — Parmi les collaborateurs de Brancati au Kiang-nan durant cette période, mentionnons encore le P. Louis Buglio, arrivé en 1637, et qui, deux ans après, compte à lui seul 700 baptêmes; le P. Jérôme de Gravina, déjà nommé, qui, de 1644 à 1648, baptise plus de 3.000 infidèles, notamment à Tchang-chou, dont il relève l'église en 1660, et dans les environs; le P. Louis de Figueredo, que nous trouvons en 1648 à Chang-hai; le P. Jean-Nicolas Smogolenski, qui prêchait l'Évangile et enseignait les sciences à Nan-king en 1646; le P. Jean-François Ronusi de Ferrariis, qui, de 1649 à 1657, administra, outre les chrétientés du Chan-tong, celle du Hoai-ngan; le P. Félicien Pacheco, qui, à partir de 1651, travaille successivement à Chang-hai, Hoai-ngan, Nan-king et Song-kiang. Une fois, il parcourt vingt-cinq stations aux environs de cette dernière ville, et dans l'espace d'un mois, il administre 300 nouveaux baptêmes. Le P. Emmanuel Jorge, arrivé à la même époque au Kiang-nan, habite Chang-hai, puis Nan-king, où, en 1655, il reçoit l'ambassade hollandaise, en route vers Pé-king; puis, en 1660, il construit une nouvelle église, aux frais des chrétiens, parmi lesquels se distingue le docteur Simon Tchao; en 1662, le même Père va relever la chrétienté de Hoai-ngan, déchue de sa première ferveur. A mentionner encore les PP. Jean Valat, en 1651; Antoine de Gouvea, en 1652, année où l'on enregistra 2.359 baptêmes d'adultes; Emmanuel Gonzalez de Oliveira, en 1657, à Nan-king; André Ferran, en 1659, à Hoai-ngan; le P. Jacques Le Favre, nommé en 1664 supérieur de la résidence de Nan-king, où il retrouve son ami, le vice-roi Tong, promu depuis peu au gouvernement de cette province. Vers la même époque, le P. Philippe Couplet visitait les villes de Song-kiang, Chang-hai, Kia-ting, Sou-tcheou, Tchen-kiang, Hoai-ngan, l'île de Tsong-ming et Nan-king, et, grâce aux libéralités de Candide Hiu, élevait un grand nombre de chapelles.

GABIANI A YANG-TCHEOU ET TCHEN-KIANG. — Enfin l'année 1659 vit arriver au Kiang-nan deux missionnaires dont la vie tout entière allait être consacrée aux chrétiens de cette province. Le premier, Jean-Dominique Gabiani, bâtit, dès 1660, à Yang-tcheou, des libéralités de deux riches chrétiennes, Justa Tsiao et Monique Min, une résidence et une église où il fit sa demeure habituelle; puis, outre plusieurs autres chapelles, il fit un second établissement à Tchen-kiang, aidé par un mandarin militaire, Pierre Kao, qui montra une noble constance au moment de la persécution. Imitant le zèle industrieux du P. Brancati, il possédait, en 1664, cinq congrégations à Yang-tcheou, dont l'une destinée à élever les enfants exposés ou abandonnés, et une autre à instruire les catéchumènes. Il faisait en outre de nombreuses excursions, jusqu'à I-tcheng-hien, Tchang-tcheou-fou, Nan-king, et en revenait toujours avec de nouvelles conversions.

ROUGEMONT A SOU-TCHEOU. — Le second, François de Rougemont, devint l'apôtre de Sou-tcheou, où son influence s'exerça entre autres sur des soldats chrétiens, de Koen-chan, dont les fervents néophytes firent eux-mêmes les frais d'une belle église, de Tai-tsang, où Candide Hiu lui acheta une résidence, de Tchang-chou, dont la chrétienté comptait quatorze congrégations. L'un des bacheliers préposé à l'une de ces associations, ému de zèle pour la conversion de Tsong-ming, passa dans cette île en 1662 et en trois mois amena à l'Église plus de 200 catéchumènes.

LE KIANG-NAN EN 1663. — Voici, d'après un manuscrit du P. Louis de Gama, Visiteur de la Mission de Chine, quel était, en 1663, à la veille de la persécution générale, dite de Yang Koang-sien, du nom de son principal auteur, l'état des chrétientés du Kiang-nan :

Deux églises à Nan-king : P. Ph. Couplet . . .	600	chrétiens.
Une église à Hoai-ngan : P. Em. Jorge	600	—
Une église à Yang-tcheou : P. D. Gabiani . . .	800	—
Une église à Song-kiang et plusieurs autres dans les campagnes : P. Fél. Pacheco . . .	2.000	—
Deux églises à Chang-hai (1) avec 66 chapelles : P. Fr. Brancati	40.000	—
Deux églises à Tchang-chou, avec beaucoup d'autres dans les campagnes : P. Fr. Rougemont.	10.000	—
Une église à Sou-tcheou.	500	—
Une église à Tchen-kiang	200	—
Une église à Kia-ting	400	—

En tout, six missionnaires, chargés de l'écrasant fardeau de 55.100 chrétiens et de millions de païens.

EXIL A CANTON. — C'est de Sou-tcheou, après y avoir administré 80 baptêmes que, le 21 juin 1665, les mêmes Pères s'embarquèrent

1. Il y avait dès lors à *Chang-hai*, comme il y eut plus tard dans la plupart des grandes villes de Chine, une seconde église dédiée à la sainte Vierge et réservée uniquement aux femmes.

pour Pé-king, d'où ils furent bientôt envoyés en exil à Canton, avec tous les autres missionnaires des provinces. Leur crime était d'avoir prêché une religion « fausse et perverse », et leur chef supposé, le vénérable P. Adam Schall (1), avait été condamné à une mort cruelle. Cette peine, décrétée à l'instigation d'un homme aussi habile que pervers, Yang Koang-sien, ne fut point exécutée : on se contenta d'exiler les Pères venus du dehors.

RETOUR A CHANG-HAI. — Puis, six ans après, l'empereur Kang-hi ayant reconnu l'innocence des missionnaires, le P. J. Le Favre, accompagné du P. Emmanuel de Pereira, retourna à Chang-hai, ramenant avec lui le corps du P. Brancati, récemment décédé à Canton. Ils voyageaient « sur un vaisseau de l'Empereur portant de grandes banderolles de soie jaune et de grandes tablettes d'un beau vernis, où étoit gravé en lettres d'or cet édit : « Par ordre de l'Empereur (ils « retournent à leurs églises). » Lorsque les chrétiens apprirent cette bonne nouvelle, ils vinrent à Chang-hai de plus de soixante villages voisins et remplirent plus de quatre-vingts bateaux. Ils allèrent sur le *Hoang-pou* au-devant du Père, avec des instruments de musique et des bannières de soie où étoit relevé d'or le saint Nom de Jésus. Les trois frères de Mme Hiu le reçurent au port avec des démonstrations de joie qui touchoient les infidèles, et le gouverneur lui envoya les clefs de son église avec un grand nombre de présents, s'excusant sur des affaires pressantes de ne pouvoir aller lui-même les remettre entre ses mains. »

DÉVELOPPEMENTS. — De beaux jours encore étaient réservés à cette Église et à celle de Song-kiang : en deux ans, le P. Le Favre les augmenta « de 5.000 hommes baptisés de ses mains. » Il passa ensuite à Tsong-ming, dont il connaissait les mandarins, et, en peu de temps, il bâtit dans cette île, aux frais de Candide Hiu, « une église qui fut comme la mère de sept nouvelles chrétientés ».

A TAI-TSANG. — De son côté, le P. de Rougemont, revenu à la même époque, fondait de nouvelles églises à Tai-tsang, à Tchang-chou et dans d'autres lieux, et chacune de ses excursions apostoliques lui valait quelques centaines de conversions. Il administrait 14 églises et 21 chapelles, et dans tous ces centres entretenait la ferveur au moyen des congrégations et des écoles. « Là, disait-il, est tout notre espoir

1. La vie du P. Schall, composée des lettres qu'il écrivit de *Pé-king*, a paru sous le titre : *Ortus fidei Christianæ in China historica relatio.* La persécution de 1665 a eu plusieurs écrivains : les PP. Greslon, dans son *Histoire de la Chine;* Gabiani, dans *Incrementa Sinicæ Ecclesiæ;* de Rougemont, dans *Historia Tartaro-sinica.*

pour l'avenir, il ne faut pas exposer la foi et l'innocence des enfants aux dangers des écoles païennes (1). » Le Père allait passer, en 1676, à Tsong-ming, lorsqu'il fut surpris par une maladie qui l'emporta. Le P. Couplet réalisa, l'année suivante, le projet du défunt et bâtit plusieurs nouvelles églises dans cette île, qui, désormais administrée par les missionnaires de Tai-tsang, comptait, en 1696, 3.000 chrétiens répartis en neuf centres principaux.

A NAN-KING ET A YANG-TCHEOU. — De même à Nan-king, le P. Pacheco était revenu après l'exil, comme le P. Jorge, à Yang-tcheou. En 1674, le premier eut la joie de baptiser le vice-roi Tong et toute sa famille ; ce grand officier, marié à une chrétienne bien connue de l'ancienne Mission sous le nom de « Madame Agathe », s'était toujours montré l'ami des Pères. En 1673, nous retrouvons également Gabiani dans son ancienne chrétienté de Yang-tcheou. Dix ans plus tard, le P. Pacheco se retire à Hoai-ngan, pour y passer les dernières années de sa vie, et, en 1684, Gabiani prend sa succession à Nan-king. Il se trouvait dans cette ville lorsque l'empereur Kang-hi, visitant sa « Capitale du Sud », lui accorda une entrevue des plus honorables pour les missionnaires. Le P. Valat qui l'accompagnait, en qualité de vice-provincial, durant cette mémorable visite, avait, quelques années plus tôt, élevé aux frais d'un mandarin converti une nouvelle église dans la préfecture de Siu-tcheou-fou et avait gagné au même lieu plusieurs milliers de néophytes.

ŒUVRES DE NAN-KING. — Gabiani établit à Nan-king un séminaire pour les indigènes et développa des congrégations florissantes. Nan-king devenait dès lors une maison de passage et de séjour importante pour les nouveaux missionnaires que l'Europe envoyait à la Chine. En 1688, c'est le P. de Fontaney qui vient y demeurer deux années ; vers le même temps, Mgr Grégoire Lopez, son provicaire, le P. de Léonissa, Mgr d'Argolis, viennent aussi demander l'hospitalité à cette ville. Au commencement de 1689, nouvelle visite de Kang-hi à Nan-king et nouvelles attentions délicates du prince pour les missionnaires. En 1693, nous retrouvons l'infatigable P. Gabiani à Hoai-ngan, à Tchen-kiang, à Sou-tcheou et enfin, en 1696, à Yang-tcheou où il meurt.

1. Les maîtres de ces écoles recevaient un salaire de 50 taels par an, notablement supérieur, si l'on tient compte de la différence des temps, à celui que donnent les missionnaires aujourd'hui. Le Père, nous apprennent les Mémoires de l'époque, se privait personnellement de tout pour entretenir ces écoles des aumônes reçues de sa famille.

CHIFFRES ET NOMS. — Terminons le récit de cette première période par quelques chiffres. En 1675, le P. Simon Rodriguez est envoyé à Chang-hai ; quelques années plus tard, nous le retrouvons à Tchang-chou et à Sou-tcheou, où il baptise régulièrement 500 à 600 personnes chaque année. Au même temps, il dirige les deux églises de Ou-si et celles de Tsong-ming, et, en 1685, il accompagne Mgr Lopez dans la visite de cette île. Le 29 juin 1696, un immense ras de marée fit périr plusieurs centaines de milliers d'insulaires, parmi lesquels il se trouvait à peine 50 chrétiens. Ce Père mourut à Sou-tcheou en 1704. Le P. Antoine Posateri était dès 1682 à Chang-hai, chargé seul des 80.000 chrétiens que comptait alors ce District. Trois prêtres chinois vinrent, en 1688, le relever de cette tâche surhumaine. Il reparut encore en 1699 à Song-kiang, puis s'éloigna, comme Vicaire apostolique. En 1678, venue du P. Jean de Urigoyen à Sou-tcheou et à Tchang-chou. En 1680, arrivée à Chang-hai du P. Emmanuel Laurifice ; six mois après, il est appelé à Song-kiang pour assister Candide Hiu qui meurt en prédestinée. Après un court apostolat au Ho-nan et au Chen-si, nous le retrouvons à Song-kiang en 1688, et en 1693 à Nan-king.

LE PÈRE OU LI. — Un peintre habile doublé d'un poète, né en 1631 à Tchang-chou, d'une famille païenne, et converti après la mort de sa femme, s'était rendu à Macao pour s'y préparer au sacerdoce. Entré dans la Compagnie en 1682, il prit le nom de Simon-Xavier a Cunha, fut ordonné prêtre six ans plus tard et revint évangéliser sa patrie où il mourut, en 1718, avec la réputation d'un saint, après avoir particulièrement travaillé dans la région de Kia-ting.

NOUVEAUX NOMS. — Le P. Emmanuel Mendez, qui avait déjà séjourné à Chang-hai en 1684, se rendit plus tard à Hoai-ngan, puis à Song-kiang et revint à Chang-hai où il administrait 30 églises ; nous le retrouvons dans cette dernière ville à différentes époques : en 1699, 1704, 1718 et 1728, mais sans détails sur ses œuvres. Le P. Emmanuel Rodriguez travailla à Chang-hai et à Nan-king, de 1684 à 1692, puis encore plus tard à Nan-king où il mourut. Le P. Joseph Suarez prêchait l'Évangile à Yang-tcheou en 1685 ; le P. chinois Blaise Lieou, surnommé Verbiest, successivement à Chang-hai et à Nan-king, de 1692 à 1701 ; le P. Joseph Monteiro, à Tchen-kiang, en 1700 ; le P. chinois Pierre Thomas Kong, surnommé da Cruz, à Nan-king, Song-kiang et Chang-hai, de 1699 à 1701, puis en 1734 et les années suivantes. Enfin, en 1704, mort à Nan-king de Mgr Alexandre Ciceri, nommé Évêque de ce diocèse depuis 1696.

LE PÈRE NOËL A OU-HO. — Terminons cette longue et trop sèche nomenclature des ouvriers du premier siècle par une biographie qui nous montrera la naissance des premières églises du Ngan-hoei. Le P. François Noël, Belge, arriva au Kiang-nan en 1687. Le P. Pacheco n'avait pas eu de successeur à Hoai-ngan ; le P. Noël fut désigné pour le remplacer. A peine était-il dans cette cité, qu'il fut appelé à Ou-ho par un neveu de Candide Hiu, lequel lui offrait une église bâtie à ses frais. Dès qu'elle fut ouverte il s'y fit, pendant quinze jours, un concours prodigieux. Le Père baptisa 106 personnes et 15 lettrés avec leurs enfants. Une jeune fille baptisée alors fit l'admiration de tous en disant que son intention était de garder une perpétuelle chasteté. Grâce à Dieu, la chrétienté de Ou-ho a su perpétuer jusqu'à nos jours la tradition de cette néophyte. Les bourgs des environs suivirent l'exemple de la ville ; dans l'un d'eux, une femme riche offrit, pour en faire une église consacrée à la Vierge, le temple qu'elle avait fait construire pour les idoles ; dans un autre, le Père baptisa tous les habitants sans exception ; dans une troisième et quatrième localité, les deux tiers reçurent le baptême et élevèrent une belle église au vrai Dieu ; enfin, dans une cinquième, le chef du bourg et le principal lettré, avec douze de ses élèves, embrassèrent la foi. Ces conversions étaient dues en partie à la lecture des livres de religion, en partie à la guérison de plusieurs personnes atteintes de maladies diaboliques. A une seconde visite qu'il fit à Ou-ho, il baptisa 560 personnes, parmi lesquelles il y avait dix-huit à vingt bacheliers, et un mandarin qui avait été dix ans gouverneur.

CHAPITRE II

AU XVIIIe SIÈCLE

PÉNURIE D'OUVRIERS. — Cependant le zèle des missionnaires ne suppléait pas à leur petit nombre. Qu'était-ce en effet pour cet immense empire, et même pour les chrétientés déjà établies, qu'une trentaine de prêtres (1)? Plus que tout autre, le P. Ferdinand Verbiest qui avait, depuis la majorité de l'empereur Kang-hi, retrouvé avec le même emploi scientifique d'astronome officiel de la Cour, les faveurs impériales dont avait joui pendant tout le règne de Choen-tche le vénérable P. Schall, ressentait vivement cette pénurie d'ouvriers. Pour exciter le zèle de ses frères d'Europe, il leur écrivait les lettres les plus touchantes. Nous citerons quelques lignes d'une invitation de ce genre qu'il adressa à la Compagnie le 15 août 1678.

LETTRE DE VERBIEST. — « Hélas, dit-il, à mesure que la faveur et la bonne volonté des princes et des grands seigneurs augmente, nous voyons diminuer le nombre de nos Pères. Oh! qu'il serait facile de procurer la liberté des enfants de Dieu à des milliers de Chinois rachetés aussi bien que les Européens par le sang précieux de Notre-Seigneur! Il y a encore, dans cet empire, cinq Provinces entières (2), dont chacune est aussi grande que quelques royaumes de l'Europe, où

1. En 1665, alors qu'éclata la persécution de Yang Koang-sien, il y avait en Chine 25 Jésuites, 1 Franciscain et 4 Dominicains. Nous ne comptons pas plusieurs autres Dominicains qui réussirent à se cacher sur le littoral du Fou-kien. A cette même date, les Jésuites seuls administraient plus de 110.000 chrétiens répandus sur douze Provinces chinoises.

2. Ce chiffre parait inexact. En effet, d'après un document déjà cité du P. Louis de Gama, en 1663, il y avait : dans le Tché-li 15.000 chrétiens; au Chan-tong 3.000; au Chan-si 3.300; au Chen-si 24.000; au Se-tchoan 300; au Hou-koang 1.000; au Ho-nan?; au Kiang-nan 55.100; au Tché-kiang 1.000; au Kiang-si 3.700; au Fou-kien 3.700; en tout onze Provinces confiées à la Vice-province de Chine. En outre le Koang-tong avait des chrétientés administrées par les Pères de la Province du Japon. Enfin le Koang-si avait eu une résidence sous les PP. Koffler et Boyme, dans les dernières années des Ming. En réalité, seules les deux provinces du Yun-nan et du Koei-tcheou, quoique possédant dès lors des chrétientés, n'avaient pas encore reçu la visite des missionnaires.

nous n'avons point prêché l'Évangile, faute d'ouvriers. Je sais qu'il y a dans la plupart de nos collèges un grand nombre d'ouvriers doués de tous les talents nécessaires pour cette mission et qui cherchent avec ardeur un nouveau champ pour exercer leur zèle. Je les conjure, au nom de Dieu, de jeter les yeux sur tant de provinces qui leur tendent les bras... Il leur faut de la science, beaucoup de science, mais je dois avouer que tout cela n'est rien en comparaison des vertus solides sans lesquelles la science nuit ordinairement. » Et il termine cet appel en faisant briller aux yeux des candidats à la Chine l'espoir du martyre. Cet espoir, il l'avait nourri lui-même, témoin ce cri sublime consigné dans ses notes intimes et retrouvé après sa mort : « J'ai eu le bonheur, mon Dieu, de confesser votre saint Nom parmi les peuples, à la cour, au milieu des tribunaux, sous le poids des chaînes et dans l'obscurité des prisons; mais que me sert cette confession si je ne la signe de tout mon sang! »

MISSION FRANÇAISE. — En 1681, le P. Couplet part pour l'Europe comme Procureur de la Vice-province de Chine, dont il va traiter les affaires. Il est porteur d'une nouvelle lettre de Verbiest, celle-ci adressée au P. de Fontaney, qu'il invite à passer en Chine. Le P. Couplet « fut présenté à Louis XIV par le P. de la Chaise, et fit comprendre à Sa Majesté les grands fruits que l'on pouvait faire en Chine, si l'on pouvait y faire passer des gens d'esprit et de vertu ». C'est au P. de la Chaise, son confesseur, que le roi confia le soin d'organiser cette Mission, dont le but avoué était en partie scientifique. Le Père poursuivit avec zèle ce projet, et le 3 mars 1685, le P. de Fontaney et ses compagnons, les PP. Gerbillon, Le Comte, Visdelou et Bouvet, tous les cinq reçus au préalable comme membres de l'Académie, s'embarquaient à Brest, à destination de la Chine. Évitant Macao, où le gouvernement portugais, jaloux à l'excès de son patronage sur ces mers lointaines, leur eût créé des embarras, ils abordèrent à Ning-po, au Tché-kiang, le 23 juillet 1687. De là, ils passèrent à Hang-tcheou, où le P. Intorcetta les accueillit, puis s'embarquant sur le Canal impérial, ils gagnèrent le Nord. Gabiani alla au-devant d'eux à Yang-tcheou, et enfin ils arrivèrent à Pé-king le 7 février 1788, dix jours après la mort de leur premier protecteur, le P. Verbiest. « Ce fut là, dit Abel Rémusat, le premier noyau de cette Mission française de Chine, si célèbre pendant plus de cent ans, et dont les membres ont tant contribué à faire connaître les contrées orientales de l'Asie. »

LES SCIENCES AU XVIIe SIÈCLE. — Cette Mission française continua en effet dignement l'œuvre des Ricci, des Schall et des Verbiest. Ricci n'avait été toléré à Pé-king que pour sa connaissance des sciences.

Grâce à lui, ses frères purent s'établir dans les provinces et se recommander de la faveur impériale. Il mourut en 1610 et son successeur, Longobardi, put rallier la métropole, après la persécution de Chen Kio, grâce à ce même renom de science. Avec le concours des docteurs chrétiens, le P. Jean Terrenz (Schreck), Suisse d'origine, entreprend la réforme scientifique du calendrier. Bientôt mort à la tâche, il a, en 1630, pour successeurs, les PP. Jacques Rho, Milanais, et Jean-Adam Schall, originaire de Cologne. En 1633, Schall perdait son meilleur soutien, l'illustre chrétien Siu Koang-ki; puis, cinq ans après, son collaborateur, le P. Rho. Il restait seul à ce poste d'honneur, mais plus encore de labeurs et de dangers, et joignait à ses travaux apostoliques, à ses recherches scientifiques, la tâche périlleuse de reconstituer l'artillerie de l'empire, contre les ennemis du dedans et du dehors. Choen-tche, fondateur de la nouvelle dynastie, lui montra plus de confiance encore et le fit officiellement président du Tribunal des Mathématiques. Schall, après une vive résistance, n'accepta ce poste que pour servir la religion, dont il fut la providence visible pendant plus de trente ans. Accusé par l'impie Yang Koang-sien de complot contre la sûreté de l'État, d'ignorance en matière astronomique et de prédication d'une « religion mauvaise », il fut, en 1665, condamné à mort de ce dernier chef, le seul que l'on retint. Puis, après cet orage, le ciel s'éclaircit de nouveau, et Verbiest, un Flamand, succéda aux dignités et au rôle providentiel qu'avait exercés Schall. Il se trouva alors en Espagne, en France, en Italie, des prêtres, des religieux, pour dénoncer à l'Europe catholique les agissements mondains, scandaleux, des Jésuites dans l'Extrême-Orient. Heureusement alors aussi, il se trouva un Pape, Innocent XI, qui consola et encouragea, par un Bref du 3 décembre 1681, Verbiest et ses frères dans la voie qu'ils avaient embrassée et que gardèrent eux-mêmes les successeurs des Jésuites, à la fin du XVIIIe siècle.

LES SCIENCES AU XVIIIe SIÈCLE. — Même après la constitution de la Mission française, c'est la Vice-province de Chine qui continua de fournir ses Présidents au Tribunal des Mathématiques; mais au palais aussi bien qu'en province, il y eut place, dans l'œuvre de l'apostolat par les sciences, aussi bien au zèle des protégés du roi de France qu'à celui de leurs confrères soumis au patronage portugais. A côté des noms tels que Thomas et Kastner, Stumpf et Kögler, Slaviszet et Pereyra, Hallerstein et Gogeisl, da Rocha et Rodriguez, d'Almeida et d'Espina, ne figurent pas sans gloire ceux des Fontaney et des Gerbillon, des Parennin et des Prémare, des Jartoux et des Régis, des du Tartre et des de Maillac, des Gaubil, des Amyot, des Cibot et de tant d'autres.

VERTUS DES MISSIONNAIRES. — Un seul des cinq premiers apôtres de la Mission française fit au Kiang-nan un séjour de quelque durée, le P. de Fontaney, leur Supérieur, qui, laissant Pé-king au mois de mai 1688, vint se fixer à Nan-king, et prêcha plus de deux ans dans cette ville ainsi qu'à Chang-hai. Il pouvait dès lors tracer ce vrai portrait du missionnaire : « Quand on vient en Chine, outre les mortifications de l'honneur et des inclinations qui sont la vraie mortification recommandée par les Saints, il faut absolument se résoudre à être toute sa vie doux, complaisant, patient et sérieux ; il faut recevoir avec civilité ceux qui se présentent, leur marquer qu'on les voit avec joie et les écouter tant qu'ils le souhaitent, avec une patience inaltérable, leur proposer ses raisons avec douceur, sans élever la voix, ni faire beaucoup de gestes, et surtout sans brusquerie et sans emportement. Il faut encore renoncer à toutes les satisfactions et à tous les divertissements de la vie. Il faut savoir demeurer seul, occupé à prier et à étudier, et dans les visites avoir toujours un air sérieux et grave, un extérieur composé et garder sur soi-même une application continuelle, comptant pour rien la gêne particulière de pareils assujettissements. » Ce programme n'a point changé depuis deux siècles. Le P. de Fontaney, homme de science, souhaitait d'ailleurs que les missionnaires joignissent aux qualités surnaturelles l'influence que donne la science ; ainsi du reste l'avait désiré Xavier, chez les apôtres du Japon, peuple avide de s'instruire.

PATRONAGE PORTUGAIS. — Cette nouvelle fondation qui, de Pé-king, où elle eut bientôt une maison spéciale, se ramifia dans plusieurs Provinces de Chine, principalement au Kiang-si, au Tché-kiang et au Hou-koang (1), allait donc apporter une nouvelle somme d'activité dans l'évangélisation de la Chine. En 1618, le P. Vitelleschi, Général de la Compagnie, détachant la Mission de Chine de la Province du Japon, l'avait érigée en Vice-province, et en 1623, le P. Emmanuel Diaz en avait pris le gouvernement. Macao, colonie portugaise, servait, nous l'avons dit, de lieu de débarquement obligé à tous les missionnaires voulant entrer en Chine ; c'était une protection ; mais le Portugal entendait faire payer, par une immixtion insupportable dans toutes les causes religieuses de ce pays, un patronage dont il se montrait fort jaloux. De fait, les sujets portugais, particulièrement en ce

1. En 1720, les catalogues de la Compagnie indiquent en Chine, pour la seule Mission française : une résidence à Pé-king (le Pé-tang, « Temple du Nord ») et trois autres établissements au Pé-tché-li, un établissement au Ho-nan, 8 au Hou-koang, 8 au Kiang-si, 5 au Tché-kiang, un à Canton et à Macao, enfin, au Kiang-nan, les 4 établissements suivants : au Kiang-sou : Siu-tcheou-fou, Ou-si-hien, Kiang-yn-hien ; et au Nghan-hoei, Ou-ho-hien.

qui concerne le Kiang-nan, ne furent pendant cette première période de notre histoire, de 1595 à 1688, ni les plus nombreux, ni les plus influents ouvriers (1). En rendant un service à la foi et aux sciences, Louis XIV et Colbert voyaient sans doute, dans cette fondation française, un intérêt politique et commercial facile à comprendre. Les Portugais se vengèrent en faisant saisir à Macao les secours qui arrivaient d'Europe à nos premiers Pères français, et plusieurs de ceux-ci, travaillant dans des Provinces éloignées, durent, pour ne point mourir de faim, se replier sur Nan-king.

SOCIÉTÉ DES MISSIONS-ÉTRANGÈRES. — De leur côté, les Dominicains espagnols, venus de Manille vers 1630, étaient entrés en Chine par le Fou-kien, où ils s'étaient maintenus (2). Et c'est sur cette même côte, conduit par le P. Magino, Dominicain, que, le 27 janvier 1684, abordait à son tour Mgr Pallu, le premier représentant sur cette terre lointaine de la Société des Missions-Étrangères. Ce Prélat qui arrivait avec le titre et les lourdes responsabilités d' « Administrateur général des Missions de Chine », expirait à la fin de cette même année, entre les mains de son confrère, M. Maigrot. Quatre ans après, celui-ci était nommé Vicaire apostolique du Fou-kien. « En 1691, la Société des Missions-Étrangères avait huit prêtres dispersés dans deux Provinces du littoral de l'empire, le Fou-kien et le Koang-tong, et dans une Province de l'intérieur, le Kiang-si. » Cette Société, nouvelle venue dans un champ cultivé depuis un siècle, allait fournir à l'apostolat de la Chine quelques précieuses unités (3), mais Dieu permit que sa présence fût l'occasion d'un redoutable conflit, dont le contre-coup fut trop préjudiciable à la Mission du Kiang-nan, pour que nous n'en exposions pas les grandes lignes.

QUESTION DES RITES. — Les Jésuites de Chine, après mûr examen et plusieurs conférences, celles entre autres de Kia-ting, avaient cru pouvoir tolérer chez leurs néophytes certaines cérémonies, relatives surtout aux honneurs rendus aux ancêtres et à Confucius. Il

1. Des 45 prêtres de la Compagnie nommés plus haut, ayant exercé leur ministère dans le Kiang-nan, 16 étaient Portugais, 15, et des plus illustres, étaient Italiens, 4 Chinois, 3 Français, 3 Belges, 1 Suisse, 1 Bavarois, 1 Polonais, 1 Espagnol. Ajoutons que très probablement ces divers chiffres représentent un minimum et que des recherches plus approfondies permettraient de les compléter.

2. Ils y avaient six Pères de leur Ordre avant la persécution de 1665; le Tché-kiang comptait au même temps trois Dominicains. De 1650 à 1665, les religieux de cet Ordre avaient eu en Chine 3.400 baptêmes. Les Franciscains fixés au Chan-tong en avaient eu 3.500 depuis 1633, date de leur arrivée en Chine. Enfin les Jésuites de la Province du Japon en avaient compté 1.900 depuis 1656, à Hai-nan et au Koang-tong.

3. Des huit membres de la Société travaillant en Chine à la date précitée, quatre étaient ou allaient devenir Vicaires apostoliques de Chine : MM. Charles Maigrot, Artus de Lyonne, Jean Pin et Le Blanc.

ne leur semblait point que ces Rites fussent tous entachés intrinsèquement d'un caractère superstitieux; aussi, prenant en considération l'attachement caractéristique que les Chinois gardent pour leurs coutumes séculaires, ils crurent pouvoir laisser leurs chrétiens libres de conserver ceux de ces usages qui pouvaient se concilier avec la loi chrétienne. A leurs yeux, cette concession était d'autant plus opportune que les protestations opposées par les néophytes contre toute intention superstitieuse semblaient rendre tout scandale impossible. Plus indépendants sans doute que les Jésuites, qui croyaient voir dans cette tolérance une question de vie ou de mort pour ces chrétientés si chèrement conquises par leurs frères, les Dominicains espagnols, arrivés de la veille sur la côte du Fou-Kien, la dénoncèrent à Rome comme une faiblesse altérant la pureté de la foi. En 1645, Innocent X condamna les Rites chinois sur l'exposé du Dominicain Moralès. En 1656, Alexandre VII les autorisa sur un nouvel exposé du Jésuite Martini. En 1669, Clément IX avait confirmé à la fois les deux décrets de ses prédécesseurs, montrant par là qu'ils n'étaient à ses yeux que conditionnels et provisoires.

KANG-HI ET MAIGROT. — Les choses en étaient là lorsque, le 26 mars 1693, Maigrot condamna officiellement les Rites dans un mandement qui allait être « pendant plus de trente ans le sujet de tant de controverses ». Cette mesure hardie fut l'étincelle qui fit éclater l'incendie. Elle arrivait malheureusement au lendemain d'un acte impérial qui avait rempli de la plus vive joie tous les missionnaires de la Compagnie de Jésus. Après la violente persécution suscitée par Yang Koang-sien, l'empereur Kang-hi, tout en réhabilitant les missionnaires et leur religion, par son décret du 31 janvier 1671 avait prohibé qu'on reçût de nouveaux prosélytes. Cette disposition, qui n'avait pas été mise en pratique, demeurait cependant une perpétuelle menace pour l'Église de Chine. Après d'instantes démarches, les PP. Thomas Pereyra, Portugais, Antoine Thomas, Belge, et Jean François Gerbillon, Français, obtinrent du monarque, le 22 mars 1692, un décret consacrant la liberté du culte catholique en Chine (1). Or, c'était juste une année après cette insigne faveur qu'à l'autre extrémité de la Chine retentissait la condamnation de cérémonies et de rites tenus pour orthodoxes par l'empereur comme par les Jésuites. Tout faisait dès lors prévoir une catastrophe.

LE LÉGAT DE TOURNON. — Pour la conjurer, le Souverain Pontife envoya en Chine, avec le titre de Légat, un jeune prélat, Mgr Tho-

1. Le P. Le Gobien a écrit l'*Histoire de l'Edit*, 1698.

mas Maillard de Tournon, qu'il éleva à la dignité de Patriarche d'Antioche. Le Légat arriva à Pé-king le 14 décembre 1705; quelques jours plus tard, quand il fut reçu par le monarque, il était porteur d'un décret de Clément XI, du 20 novembre 1704, condamnant les Rites chinois, mais il eut la prudence de ne pas en faire usage alors, pour ne point irriter davantage l'empereur. Sa mission échoua et il dut quitter Péking le 28 août suivant, emportant avec lui son secret. Il s'acheminait vers Nan-king. Le 21 décembre 1706, Kang-hi commençait sa vengeance en chassant de l'empire Maigrot et deux autres missionnaires de la Propagande, et en imposant à tous les missionnaires le *Piao*, c'est-à-dire la patente impériale. A cet acte, le Légat de Tournon répondit, le 25 janvier 1707, par un mandement condamnant les Rites. Les Jésuites réunis à Nan-king, auxquels il donna connaissance de cette déclaration, en appelèrent au Pape, ainsi que les Évêques de Macao et d'Ascalon.

MEZZABARBA ET BENOIT XIV. — Clément XI, le 25 septembre 1710, puis le 19 mars 1715 (Bulle *Ex illâ die*), confirma le mandement du Légat; puis, en 1720, dans l'espoir d'achever l'œuvre de la pacification, il envoya en Chine un nouveau Légat, Mgr de Mezzabarba. Le 3 mars 1721, ce prélat quittait Pé-king pour regagner l'Europe. Il laissait à la Cour et aux missionnaires « huit permissions » relatives aux cérémonies incriminées; ces cérémonies étaient autorisées, à condition toutefois que les chrétiens protesteraient qu'ils éloignaient toute pensée superstitieuse. C'était tout ce que demandaient les Jésuites. Leurs adversaires en appelèrent à leur tour au Souverain Pontife et restèrent finalement victorieux. Le 9 août 1742, Benoit XIV publia la Constitution *Ex quo singulari*, datée du 11 juillet précédent, qu'il confirma par le Bref du 19 décembre 1744. Bientôt, comme nous allons le voir, le sang de plusieurs missionnaires martyrs vint sceller, sur la terre de Chine, l'unité qui avait été si longtemps et si amèrement troublée.

LE KIANG-NAN. — Muni des détails qui précèdent, le lecteur comprendra mieux maintenant l'apostolat du XVIIIe siècle au Kiang-nan. Cette Province eut du moins l'avantage de n'être point divisée en elle-même puisqu'elle n'avait que des missionnaires de la Compagnie de Jésus; mais les injustes vexations des successeurs de Kang-hi l'abreuvèrent assez d'amertume. Retournons à Nan-king où les Pères de Visdelou et Le Comte, tous deux de la Mission française, étaient venus rejoindre, en 1690, le P. de Fontaney, leur Supérieur, du fond de la Province de Chen-si, où ils manquaient de toute ressource.

A NAN-KING. — Le 27 février 1692, mourut dans cette ville Mgr Grégoire Lopez, évêque de Basilée, Dominicain, auquel les missionnaires présents firent de solennelles funérailles. La nomination de ce prélat indigène était due aux démarches de Mgr Pallu, partisan déclaré « des évêques naturels », qu'il n'entendait point du reste rendre « supérieurs à ses prêtres ». Il avait demandé six de ces « chorévêques », pour la Chine, subordonnés à un Vicaire apostolique européen. La Cour romaine lui en accorda un, mais sans cette subordination. Cet essai « ne réussit pas aussi complètement qu'on le souhaitait », et jamais depuis lors il ne fut renouvelé.

CARTES DU KIANG-NAN. — Le P. Le Comte n'avait fait que passer à Nan-king; dans le voyage qu'il fit de cette ville à celle de Canton, il dressa la carte hydrographique de son itinéraire; c'était le prélude des grands travaux géographiques, que, sur les ordres de Kang-hi, allaient entreprendre les Jésuites de Pé-king, en Chine et dans la Tartarie. Les PP. Jean-Baptiste Régis, Joseph-François Moyra de Maillac et Romain Hinderer, tous trois français, furent pour leur part chargés, de 1712 à 1717, de lever les cartes du Ho-nan, du Kiang-nan, du Tché-kiang et du Fou-kien.

FIN DU XVIIe SIÈCLE. — En 1692, les PP. de Fontaney et de Visdelou quittaient à leur tour définitivement Nan-king. La même année, arriva dans la même ville, pour y exercer le ministère, le P. François de Silva; ancien Supérieur de Macao. Il évangélisa aussi Tchang-chou, Sou-tcheou, Chang-hai et Song-kiang. Quand le P. Posateri quitta Nan-king, en 1702, pour se faire sacrer à Macao, il l'y accompagna. Nous le retrouvons plus tard, et jusqu'en 1724, au Kiang-nan, d'où il fut exilé par la persécution de Yong-tcheng. Au même temps, le P. François Simoïs faisait (1690) un court séjour à Chang-hai et à Nan-king. Quelques années après, le P. Emmanuel Lopez, entré en Chine vers 1694, travaillait à Chang-hai avec une constance qui le faisait comparer au P. Brancati. Il convertit plus de 4.000 païens dans les quarante-sept années qu'il passa dans la Mission. En 1695, arrivée du P. Jean Baptista (*al.* Bantito), qui avait soin des chrétientés de Nan-king, Tchen-kiang et Tan-yang, en 1699, et se trouvait deux ans après à Chang-hai. Le P. Antoine da Sylva, venu en Chine en 1695, fut plusieurs années missionnaire au Kiang-nan; en 1700, il était Supérieur de Nan-king. En 1707, Mgr de Tournon le choisit comme Évêque de Nan-king; il paraît qu'il fut sacré et reçut ses Bulles; mais sur l'ordre du Primat des Indes, Archevêque de Goa, il donna bientôt sa démission. Il semble être resté au Kiang-nan; nous l'y retrouvons en 1725, caché dans la capitale et exerçant secrètement son ministère. En 1697, le P. Antoine da Costa prêchait la foi à Chang-hai, l'année suivante à Sou-tcheou, en 1699 à Tchang-chou. Le P. Emmanuel de Mata est à Chang-hai en 1698 et 1699; les deux années suivantes, à Tchang-chou, d'où il gouverne 15 églises; envoyé ensuite à Nan-king, il en est exilé en 1707. Le P. Philibert Geneix, Français, en 1699, n'avait fait que vivre quelques mois en Chine, à Hoai-ngan. Arrivé en 1699, le P. Dominique de Magalhâes fut longtemps missionnaire à Chang-hai et à Song-kiang; on croit qu'il mourut dans une petite chrétienté près de cette dernière ville, en 1721. Encore en 1699, le P. François Pinto vient à Song-kiang d'où il dirige 28 chrétientés, puis à Tchen-kiang; enfin, en 1702, il est envoyé dans l'île de Tsong-ming, dont il porte à 11 le nombre des chrétientés. Ses néophytes lui procurent, dans l'intérieur de la ville, une habitation commode auprès de l'ancienne église qu'ils restaurent. Cette même année, il eut 500 baptêmes dans la grande île, et d'autres encore dans les petites îles très peuplées qui avoisinent Tsong-ming. Terminons cette trop longue énumération par le nom du Frère coadjuteur Dominique Lou, natif du département de Song-kiang, entré dans la Compagnie en 1688 et mort en 1704 à Chang-hai, dont il avait aidé les missionnaires.

LE KIANG-NAN EN 1701. — Voici, d'après les documents officiels de la Compagnie, quel était en 1701 le personnel de la mission du Kiang-nan :

« Dans la ville capitale de Nan-king : un collège et une résidence; P. Antoine da Sylva ; S. G. Mgr Ciceri, Évêque de Nan-king ; P. Blaise Lieou, Chinois, de son nom européen Verbiest. — A Hoai-ngan-fou : une résidence ; P. Guillaume van der Beken ; P. Antoine Dantes. — A Tchen-kiang-fou : une résidence ; P. Joseph Monteiro. — A Sou-tcheou-fou : une résidence ; P. Simon Rodriguez. — A Song-kiang-fou : une résidence, 28 églises ; P. Antoine Posateri, élu Vicaire apostolique du Kiang-si ; P. Thomas Kong, Chinois, de son nom européen da Cruz. — A Yang-tchou : une maison, sans Père pour y résider. — A Chang-hai : une résidence, 60 églises ; P. Emmanuel Mendez ; P. Thomas-Ignace Kiang, Chinois; P. Dominique de Magalhâes; P. Jean-Baptista Bantito; Fr. Dominique Lou, Chinois. — A Tchang-chou : une résidence, 15 petites églises ; P. Emmanuel de Mata. — A Kia-ting : une résidence et quelques chapelles; P. Xavier-Simon Ou, de son nom européen a Cunha. — A Siu-tcheou : une maison, sans Père pour y résider. — A Ou-ho : *item*. — A Tan-yang : *item*. — A Tsong-ming : une maison dans la ville, 9 églises dans le reste de l'île. — A Ou-si, Koen-chan, Tai-tsang : maisons où aucun Père ne réside. — Dans la Province de Nan-king, il y a en outre : A Nan-king : une résidence des Pères Franciscains, où réside le P. Emmanuel de Saint Jean-Baptiste. — A Ngan-king-fou : une résidence des Pères Franciscains, le P. Vincent de Royate. — A

Tche-tcheou-fou : une résidence des prêtres séculiers, M. Artus de Lionne, maintenant Évêque de Rosalie et Vicaire apostolique du Se-tchoan ; M. Alexandre Danry (1). »

DEUX MISSIONNAIRES FLAMANDS. — Au commencement du XVIIIe siècle, nous voyons deux Flamands, les PP. Pierre van Hamme et Guillaume van der Beken, à l'œuvre dans le Kiang-nan. Le dernier mourut en 1703 à Hoai-ngan, qu'il avait évangélisée pendant plusieurs années, entre les mains du P. van Hamme. Celui-ci travailla pendant plus longtemps dans notre Province, mais avec des absences que nécessitèrent ses diverses charges de Supérieur : ainsi, en 1691, il fait sa première apparition à Nan-king; en 1700, il est à Tchang-chou où il baptise chaque année, dit le P. Noël, de 5 à 600 personnes. Nous le retrouvons en 1718 au Kiang-nan, chargé d'injures et de mauvais traitements de la part des païens; enfin il revient à Tchen-kiang pendant la persécution de Yong-tcheng et meurt à Song-kiang en 1727.

FRANÇAIS A OU-SI. — De la même époque date la première église de Ou-si. Cette région, confiée à la Mission française, reçut en 1701 le P. Guillaume Melon qui l'évangélisa avec de grands fruits. Son cœur s'était attaché à ses pauvres pêcheurs et il ne savait comment exprimer sa joie quand 300 barques arrivaient en même temps pour remplir le devoir pascal. Outre l'église que le Père avait lui-même construite, ses chrétiens élevèrent à leurs frais, pour les femmes, une petite chapelle près de Ou-si. C'est là que mourut en 1706 le P. Melon, victime d'une épidémie qui éprouvait son cher troupeau. Le P. Louis Porquet vint prendre sa succession et bien qu'il eût des chrétiens dans les cinq villes du département de Tchang-tcheou-fou, il fit sa principale résidence à Ou-si, sa chrétienté la plus nombreuse. En 1717,

1. Nous pourrions multiplier ces tableaux; ce sera le devoir d'une histoire plus étendue. Rapprochons seulement de celui qui précède un état de 1699 ; la comparaison de ces deux catalogues montrera à quels incessants changements était soumis le personnel de la Mission.

A Nan-king : un collège et une église de la sainte Vierge pour les femmes, P. Antoine da Sylva, Recteur. — A Tchen-kiang et Tan-yang : 2 églises, P. Jean-Baptiste Bantito. — A Hoai-ngan : une résidence et une église de la sainte Vierge, P. Guillaume van der Beken, Supérieur; P. Thomas-Ignace Kiang. — A Yang-tcheou, Siu-tcheou et Ou-ho : 3 églises, P. van der Beken. — A Sou-tcheou : une résidence et un oratoire pour les femmes, P. Simon Rodriguez, Supérieur. — A Tsong-ming : 2 églises, 4 oratoires. — A Ou-si et Koen-chan : 2 oratoires, P. Simon Rodriguez. — A Tchang-chou : une résidence et une église de la sainte Vierge, P. Antoine da Costa, Supérieur. — A Song-kiang, une résidence et une église pour les femmes, avec 20 églises ou oratoires dans les bourgs, P. Antoine Prosateri, Supérieur; P. Thomas Kong; P. François Pinto. — A Chang-hai : une résidence et une église pour les femmes, avec 30 églises assez grandes dans les bourgs, P. Emmanuel Mendez, Supérieur; P. Emmanuel de Mata; P. Blaise Lieou; Fr. Dominique Lou.

dans une persécution locale suscitée à Kiang-yn, le Père eut beaucoup à souffrir; mais les affronts et les coups qu'il subit lui furent moins sensibles que la torture infligée à deux de ses catéchistes et la dispersion d'un troupeau de 500 catéchumènes qu'il se disposait à baptiser. « Je destinais, dit-il, 300 écus, fruits de mes épargnes que j'avais faites pendant quinze ans sur ma pension annuelle, pour acheter une maison et bâtir une église. Cette somme a été employée au soulagement de mes néophytes persécutés, qui ont fait paraître une fermeté inébranlable. Je ne le regrette point : c'est un argent qui appartenait à Notre-Seigneur. Il n'a pas voulu que j'en fisse l'usage que je m'étais proposé; il m'en a marqué un autre qui lui était plus agréable; j'en suis également content. » C'est dans cette même période que le P. Jean Testard semble avoir évangélisé Ou-si, où il est enterré.

TCHEN-KIANG. — C'est à Tchen-kiang, en 1705, que le P. Xavier Ehrenbert Fridelli commença à exercer son zèle en Chine. Il propagea dans cette chrétienté la dévotion du Cœur de Jésus, pratique qu'il continua jusqu'à la fin de sa vie avec des fruits très consolants. Nous trouvons, en 1707, dans la même ville, les PP. Antoine Ferreyra, Joseph Pereira et Emmanuel de Souza, qui doivent la quitter à cause de la question des Rites, mais trouvent le moyen de rentrer ensuite au Kiang-nan jusqu'à la persécution de Yong-tcheng.

TSONG-MING. — L'un des meilleurs et des plus stables ouvriers du Kiang-nan dans cette période fut un Français, le P. Claude Jacquemin. Arrivé en Chine en 1703, il est, pendant quatorze ans, de 1711 à 1725, chargé de l'île de Tsong-ming où il établit onze nouveaux centres. Il a laissé dans les *Lettres édifiantes*, datées du 1er septembre 1712, un curieux récit des mœurs de ce peuple. En 1725, la persécution le força de fuir, mais il parvint à se cacher cinq ans encore dans divers endroits du Kiang-nan.

PERSÉCUTION DE YONG-TCHENG. — Dans le bref, mais assez complet exposé que nous venons de faire des travaux des missionnaires du Kiang-nan, pendant la seconde partie du règne de Kang-hi, le lecteur aura pressenti un ralentissement dans les œuvres de cette Mission. Au malaise déjà créé par l'irritante question des Rites, allait bientôt s'adjoindre une grave et longue persécution. Le P. Gaubil, arrivant en Chine en 1722, était douloureusement frappé de ce spectacle. « En arrivant, écrit-il de Canton, j'ai été infiniment touché de voir le triste état où se trouve une Mission qui donnait, il n'y a pas longtemps, de si belles espérances. Des églises ruinées, des chrétientés dissipées, des missionnaires exilés, et confinés à Canton... enfin la religion sur le point d'être proscrite, voilà les tristes objets qui se sont présentés à mes yeux à mon entrée dans un empire où l'on trouvait de si favorables dispositions à se soumettre à l'Évangile. » L'empereur Kang-hi était mort cette même année; Yong-tcheng lui succéda. Au mois de juillet 1723, deux Dominicains espagnols, venus depuis peu des Philippines, furent dénoncés aux mandarins comme prédicateurs d'une religion où, entre autres abus, l'on souffrait dans les temples le mélange indécent des hommes et des femmes. « Il est certain, écrit le P. de Maillac, que ces pratiques avaient été instituées avec peu de connaissance des usages et des coutumes de la Chine, ou sans y avoir assez d'égards... » Le 11 janvier suivant, Yong-tcheng, approuvant un décret du Ministère des Rites, condamnait à l'exil tous les missionnaires catholiques, ceux de Pé-king seuls exceptés, et le 11 février cet ordre partait pour les Provinces. Le P. Parennin et ses frères insistèrent auprès du prince, pour qu'au moins on permît aux missionnaires de se retirer à Canton. Leur supplique dans ce sens, du 1er juillet 1724, fut approuvée.

AU KIANG-NAN. — Quelques mois après, le P. de Maillac envoyait en Europe cette double note sur la Mission de Chine et sur celle du Kiang-nan : « Comment vous écrire dans l'accablement de douleur où nous sommes? Et le moyen de vous faire le détail des tristes scènes qui se sont passées sous nos yeux? Ce que nous appréhendions depuis plusieurs années, ce que nous avons tant de fois prédit, vient enfin d'arriver : notre sainte religion est entièrement proscrite de la Chine; tous les missionnaires, à la réserve de ceux qui étaient à Pé-king, sont chassés de l'empire; les églises sont ou démolies, ou destinées à des usages profanes... Tel est le déplorable état où se trouve réduite une Mission qui, depuis près de deux cents ans, nous a coûté tant de sueurs et de travaux... Nos Pères, qui sont dans la Province du Kiang-nan, écrivent que le P. (François) de Sylva, le P. (Emmanuel) Mendez, le P. (Jean) de Saa, le P. (Dominique) de Britto, le P. (Emmanuel) Pinto, tous Portugais; le P. (Antoine-Xavier) Marabito, Italien; le P. (Claude) Jacquemin, Français, et le P. (Jean-Baptiste) Bakowski, Polonais (qui venait d'être lapidé à Hang-tcheou), doivent partir vers le commencement d'octobre. L'église de Song-kiang-fou a été sur le point d'être pillée par le peuple;... celles de Ou-si-hien et de Tsong-ming-hien n'ont été conservées qu'à la faveur des sauvegardes (actes de vente simulés (1). »

1. A cette liste des proscrits de 1724, ajoutons le P. Pierre d'Acosta, ainsi que les PP. Emmanuel de Mata, Emmanuel de Souza, Joseph Pereira et Antoine Ferreyra, ces derniers déjà connus, que l'édit d'exil vint frapper au Kiang-nan. — Jean de Saa résidait à Sou-tcheou quand le décret vint le chasser.

PENDANT LA PERSÉCUTION. — Le courage des missionnaires déjoua en partie les plans des persécuteurs. Parmi les Pères dont les noms précèdent, nous savons qu'Emmanuel Mendez et Claude Jacquemin purent rester cachés jusqu'en 1729 au Kiang-nan; que Dominique de Britto, présent dans la même Province dès 1722, y demeura caché à Song-kiang, ainsi que le P. Pinto, de 1724 à 1726; que le P. Marabito, au Kiang-nan depuis 1720, put séjourner quelque temps à Hoai-ngan, pendant la persécution; enfin que le P. Bakowski, missionnaire au Kiang-nan peu après 1710, revint de l'exil de Canton dans notre Province où il séjourna deux ans; en 1726, il était à Song-kiang, et de nouveau dirigé sur Canton. Ajoutons quelques noms à cette liste de confesseurs de la foi : le P. Cyr Contancin, Français, réussit à se cacher à Tsong-ming, au commencement de la persécution. Le P. Étienne Peixoto avait succédé au P. van Hamme dans le gouvernement des églises de Hoai-ngan et de Tchen-kiang; il fit longtemps sa résidence ordinaire à Tchang-chou, où il serait mort en 1745. Le P. Jean Baborier, Français, se soustrait à son exil et gagne Sou-tcheou caché dans un cercueil. Il a décrit ce voyage dans une lettre dont nous ne citerons que les dernières lignes : « Enfin, le 11 mars, j'arrivai à Tchoang, village presque tout chrétien, où j'eus la consolation d'embrasser le P. Peychotto, avec qui je me rendis, le 13 au soir, à Tchang-chou, qui est habitée par un grand nombre de chrétiens, la plupart très fervents. L'âge et les fatigues ont absolument ruiné la santé de ce zélé missionnaire... Après avoir fait faire les pâques à ses néophytes, je me mis en chemin pour visiter tout le district de sa Mission. J'y ai baptisé 303 personnes, 138 adultes et 165 petits enfants; j'ai entendu 2.700 confessions et donné la communion à 2.543 néophytes. » Avant cette Mission de 1741, le même missionnaire avait donné au Kiang-nan d'autres preuves de son zèle : à la date de 1735, son Vice-provincial Pinheyro enregistra sous son nom 352 baptêmes, 3.020 confessions et 2.832 communions. En 1741, en huit mois, le P. Baborier comptait 572 baptêmes d'adultes et 4.631 confessions. En 1746, il fut exilé une dernière fois. Enfin, le P. Polycarpe de Souza, arrivé en Chine en 1726, avec l'ambassade portugaise du roi Jean V, travailla d'abord à Nan-king, avant de passer à Pé-king, dont il devait être nommé Évêque.

EXIL DE 1732. — A cette époque, une série de nouvelles mesures persécutrices avait rendu plus difficile que jamais le ministère apostolique dans les provinces chinoises. En 1732, Yong-tcheng, regrettant l'adoucissement de la peine auquel il avait consenti en 1724, ordonna que les missionnaires réunis à Canton fussent reconduits à Macao et que l'on recherchât sévèrement tous ceux qui vivaient encore cachés en Chine : tous les proscrits devaient être dirigés sur l'Europe par les soins des autorités de Macao.

PERSÉCUTION DE 1746. — Cette nouvelle épreuve fut singulièrement aggravée, quelques années après, par le martyre de plusieurs missionnaires Dominicains. Le vice-roi du Fou-kien avait, en 1746, suscité une nouvelle persécution contre les chrétiens, et Kien-long, successeur de Yong-tcheng, avait donné son approbation à l'exécution de cinq victimes (1). Partout les prédicateurs étaient traqués et l'on s'efforçait, par la torture, d'arracher aux chrétiens des aveux compromettants pour leurs Pères spirituels. Nous verrons bientôt que le Kiang-nan et ses apôtres ne furent pas épargnés, et l'on peut imaginer combien dès lors fut héroïque l'apostolat de ces années troublées.

LE P. HINDERER. — Nous devons compléter la liste de ces braves. Le P. Romain Hinderer, Français, fut à cette époque un des intrépides chasseurs d'âmes. Après avoir accompli sa grande œuvre géographique en apôtre, à travers les plus riches provinces de l'empire, le P. Hinderer parvient à se dégager des liens qui l'attachent à Pé-king. Du Tché-kiang, il passe au Kiang-si, puis au Koang-tong, au Yun-nan, au Chan-si, d'où il vient au Kiang-nan. En 1737, il visite les chrétiens de l'île de Tsong-ming; là, il entend 1.773 confessions et confère le baptême à 411 adultes. Deux ans après, nous le retrouvons au Kiang-nan, où il baptise 169 adultes, 642 enfants, et entend 2.158 confessions. C'est à Tchang-chou, en 1744, que mourut cet intrépide apôtre du Sacré-Cœur, entouré des soins des PP. de Seixas et Henriquez. Ce dernier, lui-même futur martyr, nous a fait un tableau magnifique des vertus du défunt : « Rien, dit-il, ne lui manque de ce qui convient à un véritable apôtre de Jésus-Christ : les persécutions, les chaînes, la prison. Plusieurs fois il fut enchaîné, fouetté, flagellé par les païens, chassé des villages à coups de pied et de pierres, plusieurs fois il reçut la bastonnade (2). » Et le panégyriste ne doute point d'appliquer au héros ces paroles de Saint Paul : « J'ai travaillé plus que tous les autres, j'ai enduré les prisons, les coups, les naufrages, les dangers dans les voyages, de la part des brigands, des faux frères, dans les villes, dans la solitude... »

PRÊTRES INDIGÈNES. — En 1731, nous trouvons à Tchang-chou le P. Jacques-Philippe Simonelli. En 1741, le P. Louis Porquet est de

1. Ce sont les Bienheureux Pierre Sanz, François Serrano, Joachim Royo, Jean Alcober, François Diaz, mis à mort, le premier le 26 mai 1747, les autres le 28 octobre 1748, béatifiés par Léon XIII le 18 avril 1893.
2. Extrait de la précieuse collection du *Welt-Bott*.

retour au Kiang-nan. Puis, vers cette époque, une nouvelle et plus abondante floraison de religieux indigènes, vocations suscitées de Dieu pour ces jours difficiles. Ainsi, en 1733, admission au noviciat de Chen Tong-hing, de son nom européen Joseph Seraiva, et d'Emmanuel de Sylva. Le premier né dans le département de Song-kiang, le second dans la ville de Nan-king. L'année suivante, admission dans la Compagnie de Pierre Tchen, natif de Sou-tcheou, ancien médecin. Puis, en 1735, de Jacques Cardoso, originaire de Hoei-tcheou-fou; en 1742, de Suen Kio-jen, dit Jacques de Agriar, originaire de Tchang-chou. Tous les Pères chinois qui précèdent exercèrent leur ministère en dehors du Kiang-nan. Le P. Koan Ma-eul, dit Marc Ribeyro, né à Sou-tcheou, entré dans la Compagnie en 1742, travailla dans notre Province. C'est ainsi que nous le voyons en 1763, 1765, 1772, visiter l'île de Tsong-ming où il fonde cinq nouvelles églises; dans son troisième voyage entrepris sur l'ordre de Mgr Laimbeckhoven, il entend 1.200 confessions et confère le baptême à 1.000 personnes. A cette époque, malgré les persécutions et l'isolement, cette île comptait encore 4.000 chrétiens. Marc Ribeyro vécut encore plusieurs années et mourut à Sou-tcheou. A signaler aussi, en 1740, l'entrée dans la Compagnie du Frère scolastique François da Cunha, originaire de Tan-yang, longtemps auxiliaire de Mgr Laimbeckhoven en qualité de catéchiste, puis exilé à Macao et de là transféré par Pombal dans les prisons du fort Saint-Julien où il mourut. Enfin, en 1746, l'apostolat au Kiang-nan d'un P. Julien Tcheng, probablement originaire du Fou-kien.

PP. DE SEIXAS ET COREA. — Jean de Seixas, que j'ai nommé plus haut, arrivé au Kiang-nan en 1742, y cultiva pendant neuf ans de nombreuses chrétientés au plus fort de la persécution. Pendant que les PP. Henriquez et de Athemis étaient détenus à Sou-tcheou, il fit, mais en vain, l'impossible pour leur procurer quelques soulagements. Le P. Martin Corea, Portugais comme le précédent, entré en Chine en 1727 et mort en 1786, paraît avoir passé toute sa vie au Kiang-nan, surtout dans le Song-kiang-fou. En 1735, écrit le P. Pinheyro, il y baptisa 209 grandes personnes, 548 enfants, et entendit 4.683 confessions; trois ans après, il eut 3,411 confessions, 109 baptêmes d'adultes et 500 baptêmes d'enfants. Ce Père, qui avait survécu à la destruction de la Compagnie, restait dans ses dernières années la suprême consolation de son pasteur, l'illustre Évêque dont nous redirons bientôt les travaux. Enfin un troisième Portugais, le P. Vérissime de Carvalho, arrivé en 1737 au Kiang-nan, y travailla longtemps avec le P. Corea, notamment à Song-kiang.

LES DEUX MARTYRS DE SOU-TCHEOU. — La persécution du Fou-kien eut son contre-coup au Kiang-nan et Dieu choisit pour ses victimes un Père portugais, Antoine-Joseph Henriquez, et un Père italien, Tristan de Athemis, tous les deux nés en 1707. Le second n'était arrivé en Chine qu'en 1744, le premier l'avait précédé de sept années dans notre Mission. Nous savons par l'acte de condamnation de nos martyrs, qu'Henriquez évangélisa les départements de Sou-tcheou, Song-kiang, Tai-tsang, Tchang-tcheou, Tchen-kiang, et celui de Hoei-tcheou-fou au Ngan-hoei. En 1747, des ordres venus de la Cour furent l'occasion de nouvelles perquisitions contre les missionnaires. Des chrétiens indignes dénoncèrent leur présence au vice-roi de Nan-king, nommé Ngan Ming, grand ami du vice-roi du Fou-kien. Le P. de Athemis fut pris le premier, à Tchang-chou, le 11 décembre 1747, et conduit à Sou-tcheou avec ses catéchistes et un grand nombre de chrétiens; parmi eux se trouvaient de jeunes vierges à qui on fit subir la torture, pour leur arracher des aveux déshonorants sur la conduite des Pères; mais ces saintes filles ne faiblirent pas. Le 21 décembre, Henriquez était arrêté à son tour et réuni au P. de Athemis, dans les prisons de Sou-tcheou. Les Pères étaient accusés sur trois points : c'étaient des révoltés, leur vie était infâme, et ils prêchaient une doctrine perverse. Après plusieurs interrogatoires, au cours desquels les tortures arrachèrent à la faiblesse de deux chrétiens des dépositions calomnieuses contre les Pères, faiblesse rachetée par l'héroïsme des autres témoins, les juges, abandonnant les deux premiers chefs d'accusation et ne retenant que le dernier, le fait de la prédication d'une loi prohibée, condamnèrent les deux Pères à la strangulation. Confirmée par Kien-long, ce prince fourbe et ingrat, au service duquel les Jésuites de la Cour continuaient à se dévouer, cette sentence reçut son exécution dans la soirée du 12 septembre 1748. Plusieurs de leurs courageux témoins partagèrent leur mort.

APOSTASIES. — D'après une lettre du P. de Bormio, vers 1748, il y avait encore en Chine quatre Franciscains réformés, trois Observantins, un Dominicain, un Augustinien, un Carme déchaussé et environ quarante Jésuites; cinq églises à Pé-king, dont trois aux Jésuites, et deux à la Propagande n'ayant qu'un missionnaire. Mais l'on estimait alors à plus de cent mille le nombre des chrétiens qui avaient apostasié, c'est-à-dire qui avaient eu la faiblesse de dissimuler leur religion pour un temps.

LES CONFESSEURS DE 1754. — Au commencement de cette persécution, le Kiang-nan comptait encore environ 60.000 chrétiens, que huit missionnaires, tous Jésuites, cultivaient sous la direction de

Mgr Don Francisco de Santa Rosa de Viterbe, Franciscain, Évêque de Nan-king. Celui-ci se cacha dans la chrétienté de Lou-yuen (*vulg.* Lo-yeu), et mourut en 1750, dans la sous-préfecture de Tchang-chou. On comprend les profondes perturbations que ces violences apportèrent dans les chrétientés du Kiang-nan. Rien cependant ne put arrêter l'intrépidité des missionnaires. Pendant que les uns périssaient sous les coups des bourreaux, ou subissaient un exil violent, d'autres pénétraient secrètement en Chine et tâchaient d'y continuer l'œuvre de leurs devanciers. Cinq d'entre eux, tous Portugais, furent arrêtés en 1754, soumis à la torture et à une longue détention dans les prisons de Nan-king. C'étaient Joseph de Araujo, âgé de trente-trois ans, Emmanuel de Viegas, âgé de quarante et un ans, et Antoine Pirez, âgé de trente-trois ans, pris au mois d'avril; Joseph de Silva, âgé de vingt-neuf ans, et Denys Ferreira, âgé de trente-quatre ans, pris le 16 mai suivant. Les cinq prisonniers furent longtemps, la corde au cou, liés par les pieds et les mains; ils endurèrent de nombreux soufflets, la torture aux pieds et d'autres tourments répétés. Le premier mois de leur captivité, ils subirent jusqu'à seize fois la question. Plus de 800 familles chrétiennes avaient été dénoncées avec eux; un grand nombre furent soumis au même sort et si quelques-uns eurent la faiblesse d'apostasier, d'autres confessèrent généreusement Jésus-Christ. Le vice-roi de Nan-king avait prononcé contre les Pères le supplice de la strangulation, mais Kien-long, vaincu par les supplications de leurs frères de Pé-king, et surtout du P. Félix da Rocha, commua cette peine en celle du bannissement. Au mois de février 1756, ils furent enfin délivrés et les Chinois les remirent aux mains des autorités portugaises, avec ordre de les rapatrier au plus tôt. Cette demande insolente n'eut point alors son exécution.

DÉPORTATION DE 1762. — C'est le marquis de Pombal qui se chargea, quelques années plus tard, de remplir le rôle odieux de proscripteur envers les Jésuites missionnaires qui survivaient à tant d'épreuves. Le 5 juillet 1762, vingt-quatre d'entre eux se trouvant à Macao, dont seize appartenant à la Mission de Chine, furent mis en état d'arrestation et gardés à vue dans une dépendance du couvent des Dominicains. Le 5 novembre suivant, les captifs étaient embarqués pour l'Europe : quatre d'entre eux mouraient en mer, sept étaient déportés en Italie, les autres jetés dans les cachots du fort Saint-Julien. C'est ainsi que le Portugal, marquant le commencement de son irrémédiable déchéance, renvoyait de Chine, comme des malfaiteurs, les frères de Xavier.

Mgr LAIMBECKHOVEN. — Au déclin de ce second siècle si tourmenté de l'Église du Kiang-nan, nous rencontrons une belle et mélancolique figure, celle de l'Évêque Jésuite Godefroid Xavier de Laimbeckhoven. Né à Vienne le 9 janvier 1707, il était entré dans la Compagnie à l'âge de quinze ans, et arrivait en Chine le 6 août 1738. Il allait, pendant un demi-siècle, connaître et souvent porter presque seul toutes les tristesses d'un pasteur dont le troupeau est ravagé sans merci ni remède. Déjà, en 1746, nommé Visiteur de la Mission, il avait exercé son zèle au Kiang-nan. Choisi par Joseph Ier de Portugal pour succéder sur le siège de Nan-king à Mgr François de Santa Rosa, il fut nommé à ce poste par Benoît XIV, en mai 1752. La persécution retarda de plusieurs années sa consécration épiscopale qui se fit enfin à Macao, le 22 juillet 1756.

ÉTAT DU KIANG-NAN. — Voici, d'après une lettre inédite du prélat, adressée en 1757 au roi de Portugal, quel était alors le triste état du Kiang-nan : « Cette Église est ravagée par le tourbillon des persécutions à un tel point qu'elle peut l'être à peine davantage; car les pasteurs ayant été frappés, le troupeau est errant et dispersé. Tout ce qui avait échappé aux persécutions précédentes est aujourd'hui saccagé et perdu. Depuis mon retour, il n'est rien que je n'aie tenté pour consoler les fidèles et calmer un peu leurs angoisses par mes visites, et ramener à l'Église ceux qui, vaincus par les tourments, s'étaient laissé entraîner à des actes superstitieux. Hélas ! peines perdues : affolés par la terreur, ils n'osent me recevoir dans leurs maisons, et je ne trouve pas, dans cette vaste Province du Kiang-nan, un domicile où je puisse reposer ma tête. La dure nécessité m'a contraint d'aller chercher un séjour dans l'autre Province, celle du Honan, confiée aussi à mes soins. Là encore, toute demeure m'a été interdite. Depuis près de deux ans, la fuite est mon seul refuge et ma seule espérance, jusqu'à ce que la bonté de Dieu y mette un terme en m'appelant à lui, ou que Votre Majesté m'accorde dans sa munificence de quoi me fixer quelque part. »

ÉPREUVES. — Le faible roi avait d'autres soucis que celui de secourir un missionnaire Jésuite, et Laimbeckhoven, toujours seul, sans appui comme sans ressources, écrit en 1771 au P. Ricci, Général de la Compagnie, pour lui demander d'être reçu dans un collège d'Allemagne. Heureusement, la Province du Kiang-nan ne lui fut point longtemps si inhospitalière; mais les peines, les déboires du prélat augmentent chaque jour. En 1771, une horrible persécution désole le Ho-nan, lui-même est recherché, et c'est à Ou-ho, abrité dans un misérable réduit, qu'il attend la fin de la tourmente. Le 17 juin 1775, il reçoit le Bref de suppression de la Compagnie, et c'est lui qui est forcé de proclamer la condamnation et la mort de sa mère. Depuis 1757, l'administration du siège vacant de Pé-king était passée entre ses mains : un Père Carme lui est imposé par la Propagande comme Vicaire général de ce diocèse. Ce Père écrit en faveur de la cérémonie Ko-teou, « prostration », c'est Laimbeckhoven qui en portera les ennuis. En 1775, l'Évêque de Macao lui dispute la juridiction de Pé-king : Laimbeckhoven doit écrire à Rome pour faire respecter son autorité. En 1780, on lui donne pour coadjuteur un Franciscain, le P. Nathanael Burger, lequel, chargé seul de tous les pouvoirs, meurt en route : Laimbeckhoven se voit, pendant près de trois ans, privé des facultés les plus nécessaires à l'administration de son diocèse. Et nous n'énumérons qu'une partie de ses maux.

TRAVAUX. — Nous possédons quelques souvenirs précis de ses voyages. En 1771, il était dans le Tchang-tcheou; à Ou-ho, à Pao-chan-hien, en 1773 et en 1782; à Song-kiang, en 1781; à Tsong-ming, quatre années après. Les chrétientés du Kiang-nan n'avaient plus alors, pour les desservir, que le prélat, presque octogénaire, et un ancien Jésuite indigène. A eux deux, ils ne comptaient plus alors que 30.000 fidèles ouvertement reconnus; le reste des chrétiens, forcément abandonné pour un temps, demeurait cependant prêt à se réveiller, comme un feu caché sous la cendre. De fait, avant de mourir, Laimbeckhoven, dernier Européen du Kiang-nan ayant appartenu à la Compagnie de Jésus, donne l'onction sacerdotale, dans la ville de Sou-tcheou, à quatre jeunes Chinois qui perpétueront son œuvre durant de longues années (1).

VERTUS. — « Le beau spectacle, écrivait le P. Bourgeois en 1776, de voir un Évêque de Nan-king, en qui tout est distingué, naissance, érudition, zèle, car il a tout, le beau spectacle, dis-je, de voir un Laimbeckhoven, âgé de soixante-dix ans, accablé d'infirmités, parcourir sans cesse un diocèse plus vaste que toute l'Italie, comme un simple paysan, n'ayant qu'un chapeau de paille, une chemise de grosse toile et des savates, obligé de se cacher dans une petite barque de pêcheur, brûlé par des chaleurs intolérables, persécuté nuit et jour par toutes sortes d'insectes, courant sans cesse un danger prochain d'être pris, souhaitant descendre à terre dans une mauvaise cabane, au moins deux ou trois jours pour se délasser ou pour se guérir, et ne pouvant

1. Deux d'entre eux, dont les sépultures nous sont connues, moururent en 1818 et en 1824.

l'obtenir des pauvres chrétiens qu'il exposerait, passant les nuits à confesser et les jours à souffrir... »

MORT. — Une suprême consolation fut accordée à ce vaillant athlète avant sa mort. Son nom fut inscrit, par le P. Loukiewicz, au catalogue de la Compagnie de Jésus, conservée providentiellement dans la Russie blanche. Enfin, le 22 mai 1787, le bon Pasteur s'éteignit dans la petite chrétienté de Tang-kia-hang, non loin de Chang-hai. Son corps a été transporté et inhumé à Sou-tcheou.

LE DERNIER JÉSUITE. — Le P. Corea était mort l'année précédente; un P. Ignace Pirez, venu en Chine en 1753, et que nous trouvons au Kiang-nan en 1777, avait également disparu. Il ne restait plus alors dans cette Province qu'un ancien membre indigène de la Compagnie, le P. Jean Yao, né dans le paganisme en 1722 au Hoei-tcheou-fou, et ordonné prêtre en 1766 par Mgr Laimbeckhoven, dont il devait recueillir le dernier soupir. En 1781, nous le voyons à Tsong-ming, où il distribue de grandes aumônes et fonde quatre nouvelles chrétientés. En 1790 et en 1792, il passe de la même île aux récentes alluvions formées sur la rive gauche du Kiang. C'est là, sur ce territoire naissant de Hai-men, qu'il fonda la première chrétienté d'une section qui en compte aujourd'hui quatre-vingt-six, presque toutes peuplées par des colons venus de Tsong-ming. Il mourut à Sou-tcheou en 1796, assisté par un Père chinois qui était justement de passage en cette ville (1).

1. Voici, d'après le *Catalogus* du R. P. L. Pfister, les Supérieurs de la Mission pendant les XVIIe et XVIIIe siècles.

1° Visiteurs : 1573, P. Al. Valignani; 1612, P. Fr. Pasio; 1618, P. Fr. Viera; 1621, P. Jér. Ruiz; 1623, P. Gabr. de Mattos; 1625, P. Jér. Rodriguez; 1627, P. And. Palmeiro; 1630, P. Pierre Ribeiro; 1633, P. Fr. Furtado; 1635, P. A. Palmeiro; 1636, P. Em. Diaz (*Senior*), *bis;* 1643, P. Ant. Rubino, *bis;* 1644, Em. de Azevedo; 1647, Em. Diaz (*Junior*); 1651, P. Fr. Furtado; 1655, P. Séb. d'Amaya; 1659, P. Simon d'Acunha; 1660, P. L. de Gama; 1673, P. And. Lobelli, P. Prosp. Intorcetta; 1684, P. Jos. Tissanier; 1688, P. Fr.-X. Philipucci; 1691, P. Fr. Noqueira; 1691, P. Th. Pereira; 1696, P. Ch. Turcotti; 1700, P. Em. Laurifice; 1703, P. Phil. Grimaldi; 1707, P. Jos. Raym. Arxo; 1710, P. J.-P. Gozano; 1716, P. Kil. Stumpf; 1720, P. J. Laureati; 1722, P. Rom. Hinderer, *bis;* 1725, P. P. van Hamme; 1732, P. Ign. Kögler, *bis;* 1735, P. Ph. Sibim; 1738, P. Jacq. Ph. Simonelli, *ter;* 1748, P. God. de Laimbeckhoven; 1751, P. Aug. von Hallerstein.

2° Vice-provinciaux : 1583, P. Matt. Ricci, Supérieur; 1610, P. Nic. Longobardi, Supérieur; 1622, P. J. de Rocha, Supérieur; 1626, P. Em. Diaz (*Jun.*); 1636, P. Fr. Furtado; 1642, P. Jul. Aleni; 1643, P. Fr. Furtado; 1644, P. Alv. de Semedo; 1645, P. Jul. Aleni; 1649, P. Ben. de Mattos; 1650, P. Em. Diaz (*Jun.*); 1654, P. Séb. de Maya; 1657, P. Sim. d'Acunha; 1659, P. Ign. da Costa; 1662, P. Matt. d'Amaya; 1666, P. Fél. Pacheco; 1669, P. Ant. de Gouvea; 1673, P. Fél. Pacheco; 1676, P. Ferd. Verbiest; 1680, P. Dom. Gabiani; 1683, P. J. Valat; 1688, P. Pr. Intorcetta; 1691, P. Dom. Gabiani; 1692, P. Ant. Thomas; 1696, P. Phil. Grimaldi; 1699, P. Jos. Monteyro; 1703, P. Ant. Thomas; 1706, P. Th. Pereira; 1707, P. Jos. Monteyro; 1711, P. Jos.

CLERGÉ SÉCULIER. — Ainsi se terminait tristement la série des apôtres du second siècle, si rempli de travaux et d'épreuves (1). Ces dernières années elles-mêmes n'avaient pas été exemptes de troubles et d'inquiétudes. En 1784, la capture de quatre Franciscains qui se rendaient au Chen-si mit de nouveau toute la Mission de Chine en péril. Mais le personnel du Kiang-nan dut à son humilité de passer inaperçu à travers ce nouvel orage. Après la mort de Mgr Laimbeckhoven, et durant cinquante ans, l'Église du Kiang-nan allait vivre de sa propre vie, se suffire à elle-même. Les prêtres chinois que le prélat lui laissait, ceux que les Lazaristes purent lui envoyer de Pé-king et surtout de Macao, allaient y garder la foi, et y perpétuer les sacrements, jusqu'à ce que la Compagnie de Jésus renaissante y fût ramenée par la Providence.

STÉRILITÉ DU NGAN-HOEI. — En terminant cette histoire de deux siècles, nous devons insister sur la différence très notable qui dès lors existait entre le Kiang-sou et le Ngan-hoei au point de vue de l'évangélisation. Tandis que le Kiang-sou avait compté près de 100.000 chrétiens, dont 80.000 aux seuls environs de Chang-hai, quelques années après le gouvernement du P. Brancati, resté pendant trente années leur heureux pasteur, c'est à peine si le Ngan-hoei avait eu quelques centaines de néophytes, à Ou-ho vers le nord, à Tong-men vers le sud. En dehors de ces deux chrétientés, nous ne sachions point que, pendant le cours du XVIIe et du XVIIIe siècle, il y ait eu, sur le territoire du Ngan-hoei, des baptêmes d'adultes ailleurs que dans la préfecture de Tchou-tcheou, assez voisine de Nan-king; encore n'avons-nous de ce fait d'autre trace que les documents écrits (2). Nous avons vu, il est vrai, que les villes de Ngan-king et de Tche-

Suarez, P. J. Duarte; 1724, P. Ch. de Rezende; 1732, P. André Pereyra; 1738, P. Ign. Kögler; 1741, P. Dom. Pinheyro; 1748, P. Ant. Gomez; 1751, P. L. de Sequeira; 1754, P. Fél. da Rocha; 1757, P. Aug. von Hallerstein; 1762, P. Em. de Aguiar; 1762, P. Fél. da Rocha; 1766, P. Aug. von Hallerstein; 1773, P. Jos. d'Espinha.

3° Supérieurs de la Mission française; 1687, P. J. de Fontaney; 1699, P. J. Fr. Gerbillon; 1706, P. Fr.-X. d'Entrecolles; 1719, P. Jul. Plac. Hervieu; 1736, P. Jos. Labbe; 1740, P. J. Pl. Hervieu; 1745, P. Val. Châlier; 1747, P. J. Sylv. de Neuvialle; 1752, P. Lud. Mar. du Gad; 1757, P. J. S. de Neuvialle; 1762. P. Jos. L. Le Febvre; 1769, P. J.-B. de la Roche, P. Fr. Bourgeois.

1. Des 53 missionnaires nommés plus haut, qui exercèrent un ministère effectif dans la mission du Kiang-nan pendant ce second siècle, 29 appartenaient à la nationalité portugaise, 10 étaient Français, 6 Chinois, 3 Italiens, 2 Belges, 2 Autrichiens et 1 Polonais. Durant cette période, l'élément portugais avait donc reconquis la prépondérance sur l'élément italien, dont le petit nombre, il est vrai, est rehaussé par la présence d'un martyr.

2. En 1614, écrit Bartoli, le P. Félicien da Sylva fit une dernière expédition à Tchou-tcheou, où, en dix-sept jours, avec le Frère de Lagea, il baptisa 70 idolâtres.

tcheou possédèrent quelque temps une résidence de missionnaires, la première fondée vers le commencement du XVIIIe siècle, sous le nom de Saint-Joseph, par les Franciscains, grâce aux recommandations des Jésuites de Pé-king; la seconde, occupée vers la même époque par des prêtres des Missions-Étrangères, épiant une occasion favorable pour remonter le fleuve Bleu. Nous n'avons aucun détail sur les travaux apostoliques de ces deux Missions, dont les indigènes semblent avoir complètement perdu le souvenir.

NOS ÉVÊQUES. — Un mot enfin sur nos Évêques au XVIIe et au XVIIIe siècle. Si sommaire que soit le présent exposé au point de vue historique, nous ne croyons pouvoir omettre la liste complète de ces prélats dont plusieurs eurent une si grande part aux travaux et surtout aux épreuves de cette Mission.

PREMIERS TITULAIRES DU SIÈGE DE NAN-KING.—A la demande du roi du Portugal, Alexandre VIII, par sa Constitution *Romanus Pontifex*, du 10 avril 1690, érigea le siège épiscopal de Nan-king, avec juridiction sur le Kiang-nan, le Tché-kiang, le Fou-kien, le Kiang-si, le Hou-koang, le Yun-nan et le Koei-tcheou, sous la dépendance de l'Archevêque de Goa et le patronage du Portugal. Le 15 octobre 1696, Innocent XII, par sa Constitution *E sublimi*, réduisit cet immense diocèse aux deux Provinces du Kiang-nan et du Ho-nan. Le premier titulaire de ce siège (1) fut le P. Alexandre Ciceri, Milanais, consacré à Macao le 5 février 1696 et arrivé la même année à Nan-king; il mourut vers 1704, avant l'arrivée du Légat de Tournon. En 1707, ce dernier nomma pour lui succéder le P. Antoine de Silva, Portugais, qui donna bientôt sa démission. Le Portugal présenta, en 1710, plusieurs sujets, parmi lesquels le P. Jos. Monteiro, au Saint-Siège, qui les refusa tous. En 1723, nomination de Emmanuel de Jésus-Marie, Portugais, Carme déchaussé; puis, en octobre 1738, nous trouvons à Macao un titulaire du nom de Eugène de Trigueiros. Quatre ans après, Benoît XIV nomme Évêque de Nan-king François de Sainte-Rose de Viterbe, Franciscain, consacré à Lisbonne le 17 février 1744, arrivé le 15 septembre suivant à Macao d'où il gouverne son diocèse; il ne pénètre dans ce dernier qu'en 1746, et y meurt le 2 mars 1750, à Tchang-chou.

1. Avant la création d'une juridiction ordinaire à Nan-king, le Kiang-nan avait eu plusieurs Vicaires apostoliques : 1° Ignace Cottolendi, Français, Évêque de Métellopolis, mort en se rendant à son poste; 2° Grégoire Lopez, Chinois, Évêque de Basilée, nommé en 1674, consacré au Koang-tong en 1685, arrivé deux ans après au Kiang-nan, mort à Nan-king le 27 février 1692, fameux surtout par la part qu'il prit avec les Jésuites à la question des Rites; 3° François de Léonissa, Franciscain, Évêque d'Argolis, nommé Provicaire de Mgr Lopez et désigné comme son successeur.

Mgr DE LAIMBECKHOVEN ET SES SUCCESSEURS. — Nous avons retracé les travaux de Mgr de Laimbeckhoven, la plus belle figure de cette Mission au XVIIIe siècle. En 1779, le P. Nathanael Burger, Franciscain, avait été nommé son coadjuteur avec succession future, mais il mourut en 1783, sans avoir reçu ses Bulles. Le 14 juillet 1789, nomination d'Eusèbe Carvalho Gomez de Sylva, Portugais, mort à Goa le 30 mars 1790, avant d'arriver à son siège. Un autre Portugais, Alexandre de Gouvea, nommé depuis dix ans Évêque de Pé-king, reçoit alors l'administration du diocèse de Nan-king et meurt en 1808. Nous mentionnerons bientôt Cajétan Pires Pereira, Lazariste, Portugais, consacré à Pé-king, le 20 août 1804, Évêque du Kiang-nan qu'il administra tardivement par des Vicaires généraux.

CHAPITRE III

LA NOUVELLE MISSION

SUPPRESSION DE LA COMPAGNIE. — Quand la Compagnie de Jésus, à la fin du xviiie siècle, tomba sous les coups de ses ennemis, le désastre de ses religieux devint celui de la Chine chrétienne : quelques prêtres des différentes Congrégations recueillirent les dépouilles des Jésuites, mais leur nombre eût été insuffisant pour garder le troupeau qui leur était confié. Heureusement, au Kiang-nan, nous avons vu que des prêtres indigènes furent assez heureux pour conserver, du moins numériquement, le dépôt qui leur venait de Mgr Laimbeckhoven. Ce prélat avait eu pour successeur nominal le Lazariste Pires Pereira, lequel, forcé de résider à Pé-king, administra par des vicaires de sa Congrégation le diocèse de Nan-king. Il faut attendre jusqu'à 1830 pour rencontrer au Kiang-nan un missionnaire européen. Le Bienheureux Perboyre signale à cette époque la présence, dans cette Mission, de M. Miranda, Lazariste portugais, que la maladie amena bientôt à Macao. On sait encore que deux autres Lazaristes portugais furent, vers cette époque, nommés grands-vicaires de Mgr Pires au Kiang-nan : M. Joao Castro e Moura en 1831, et M. Joseph Henriquez de 1832 à 1836. A la mort de Mgr Pires, le 2 novembre 1838, on comptait au Kiang-nan huit missionnaires indigènes. C'est sur l'initiative de ces prêtres que les chrétiens, fidèles à la mémoire de leurs anciens Pères, adressèrent à Grégoire XVI une supplique pour demander le retour au Kiang-nan de la Compagnie dont ils venaient d'apprendre la restauration.

Mgr DE BESI. — Vers cette époque, un prêtre italien, Louis de Besi, nommé Vicaire apostolique du Chan-tong et du Ho-nan, reçut en outre l'administration provisoire du diocèse de Nan-king. Vivement frappé de l'insuffisance de ses ressources en personnel pour une telle tâche, le nouveau prélat écrivit, à la date du 18 septembre 1841, au Général de la Compagnie de Jésus, une lettre dont nous extrayons quelques lignes : « J'ai accepté l'épiscopat avec le plus vif regret, et seulement en considération de la promesse que Votre Paternité a faite au Cardinal Préfet de la Propagande de m'envoyer au plus tôt trois ou quatre des siens... J'insiste de nouveau, *opportunè*, *importunè*, pour que, suivant les promesses faites au Cardinal et à moi, elle m'envoie promptement de ses confrères, rappelant en outre à Votre Paternité ces lignes qu'elle daignait écrire à tous les chrétiens, dans sa lettre du 18 août 1834 : « Croyez bien que nous aurons fort à cœur, dès que la « Compagnie sera appelée à la Mission de Chine, de vous envoyer les « hommes que nous croirons les plus aptes (1). »

SES DÉMARCHES. — Le 23 novembre 1841, Mgr de Besi arrivait au Kiang-nan et constatait de ses yeux l'extrême besoin d'ouvriers évangéliques. Le 30 décembre, il écrivit les lettres les plus pressantes au cardinal Franzoni, Préfet de la Propagande, et à son Procureur de Macao, demandant des missionnaires de la Compagnie qui devaient, suivant lui, « transformer ce diocèse ». Le 20 février 1842, à peine a-t-il appris que nos Pères sont arrivés à Macao, qu'il écrit au même Procureur : « Inutile de vous dire combien tous les chrétiens se sont réjouis de la nouvelle concernant les Jésuites ; les missionnaires aussi, quelques-uns exceptés, sont dans l'allégresse. Mais, le premier de tous, leur misérable Évêque, ressent la plus grande joie et, tant pour lui que pour ces Provinces qui vont ressusciter, rend des actions de grâces sans fin au Dieu bon et puissant, auteur de tout bien. »

ARRIVÉE DES JÉSUITES. — Enfin, le 12 juin 1842, deux des nôtres, le P. Claude Gotteland, de Savoie, et le P. François Estève, de Paris, arrivèrent à Chang-hai (2), après avoir éprouvé à Macao, de la part du gouverneur portugais, des avanies qui rappelaient les ridicules prétentions du fameux patronage. Mgr de Besi, au comble de ses vœux, adressait, le 25 juillet, au Cardinal Préfet et au Père Général, les plus vives actions de grâces. Voici un extrait de sa lettre au P. Roothaan : « Je ne puis exprimer à Votre Paternité toute la consolation et la jubilation de mon cœur, en voyant exaucés mes vœux les plus ardents, par l'arrivée dans cet immense empire des Pères de la Compagnie...

1. Le 25 avril 1832, les chrétiens du Kiang-nan avaient demandé, par lettre, d'une façon très instante, au R. P. Roothaan, Général de la Compagnie, de leur envoyer des missionnaires de son Ordre. Il y fut répondu par la lettre ci-dessus; le Père Général ajoutait : « Du reste, il faut que vous sachiez qu'il n'est pas encore en notre pouvoir d'aller de nous-mêmes secourir les Chinois; votre invitation, tout agréable qu'elle nous soit, ne suffit pas pour que nous prenions cette Mission. C'est à d'autres qu'il appartient de procurer efficacement ce résultat. » Cette déclaration engagea les chrétiens du Kiang-nan à écrire, dans le même but, à la reine de Portugal en 1838, et deux ans après au Pape Grégoire XVI.

2. Un troisième, le P. Benjamin Brueyre, était resté aux îles Tchou-chan occupées par les Anglais, dans l'espoir d'y fonder un séminaire; ce projet n'ayant pu réussir, il partit lui-même pour Chang-hai, où il arriva le 23 octobre de la même année.

Les chrétiens exultent tous dans le Seigneur, et déjà se disent heureux, et veulent devenir de bons chrétiens ; ils me prient instamment de rendre à Votre Paternité d'infinies actions de grâces, ce que je veux faire par la présente, tant en leur nom qu'au mien propre, avec la plus vive expression de mon cœur... »

TRISTE ÉTAT DE LA MISSION. — Lorsque nos Pères arrivèrent dans ce diocèse de Nan-king, il ne comptait, outre M. Lavaissière, Lazariste français (1), que dix prêtres séculiers indigènes, dont plusieurs appartenant à la Congrégation portugaise des Lazaristes. Mgr de Besi écrivait ce qui suit, dans sa lettre du 30 décembre 1841, à la Propagande : « Il n'y a que dix prêtres, dont quatre sont impotents, en sorte que les chrétiens peuvent à peine se confesser une fois tous les cinq ou six ans ; aussi sont-ils toujours froids, toujours ignorants, toujours dissolus. » S'il faut en croire les lettres officielles que M. Faivre envoya à Mgr de Besi le 1er juin 1841, et ce dernier à la Propagande le 1er décembre suivant, l'état spirituel de ce diocèse présentait un triste spectacle, à l'arrivée de nos Pères. « L'ignorance (ce sont les paroles du prélat)..., le jeu, le concubinage, les superstitions parmi nos chrétiens, sont les abus qui dévastent terriblement cette vigne du Christ. »

A la même époque, le nombre des chrétiens du Kiang-nan devait être environ de 50.000 (2). M. Faivre, Vicaire général du diocèse de Nan-King, écrivait ce qui suit à Mgr de Besi, dans sa relation officielle du 1er juin 1841 : « Le nombre des chrétiens est d'au moins 48.000 ; le nombre des vierges s'élève au moins à 800 ; le nombre des chapelles à près de 400. » Ainsi le clergé séculier qui seul, ou peu s'en faut, avait depuis un demi-siècle la garde des chrétiens du Kiang-nan, avait vu se conserver leur nombre. Il est vrai, combien misérable et déformée était alors cette troupe de chrétiens ! Mais cette conservation elle-même, toute providentielle, prouvait assez la solidité de la foi des premiers âges.

AUJOURD'HUI. — Plus d'un demi-siècle s'est écoulé depuis ces tristes constatations, et au moment où je trace ces lignes, la Compagnie de Jésus compte, dans la Mission du Kiang-nan : 1 Vicaire apostolique, 132 prêtres, dont 17 indigènes, 24 Frères scolastiques (12 in-

1. M. Lavaissière fut ensuite consacré Évêque et préposé au Vicariat apostolique du Tché-kiang. M. Faivre, Provicaire général du diocèse de Nan-king, l'avait quitté peu de temps auparavant, nommé par ses supérieurs Visiteur des Missions des Lazaristes en Chine.

2. D'après les documents cités par M. Louvet (*Les Missions catholiques au XIXe siècle*, p. 222), le chiffre des chrétiens du Kiang-nan serait tombé, vers 1800, à 20.000, pour remonter, en 1840, à 40.000; mais tout nous porte à croire la première assertion non fondée.

digènes) et 25 Frères coadjuteurs (12 indigènes) ; en tout, 182 membres, plus 24 prêtres séculiers indigènes et deux séminaires florissants.

Le changement ne sera pas moins profond si nous comparons les territoires livrés à une évangélisation effective. Aujourd'hui, la Mission du Kiang-nan comprend, outre les établissements de Chang-hai et de Zi-ka-wei, un total de 115.177 chrétiens répartis en 19 Sections et 81 Districts. Un mot d'abord sur la portée de ces dénominations.

DISTRICTS. — Nous appelons District l'ensemble des chrétientés confiées à un seul missionnaire, aidé, parfois, mais trop rarement, d'un vicaire. Les Districts varient beaucoup d'importance, quant au nombre des chrétientés à desservir : telle de ces paroisses compte jusqu'à 24 annexes, chacune possédant sa chapelle et souvent son école ; chacune d'elles ayant droit à sa Mission particulière... Et le tout dépasse quelquefois 3.000 âmes ! Rude charge pour le missionnaire, qui, chaque année, doit seul préparer les pâques de ce bon peuple, entendre parfois jusqu'à huit ou dix mille confessions de dévotion et chaque jour prêcher, catéchiser, inspecter les écoles, juger des différends, etc., etc., sans autre trêve ni repos que celui de sa retraite annuelle ou des vacances d'été si chèrement achetées.

CONSERVATEURS DE LA FOI. — On conçoit que les Districts d'une telle importance, situés pour la plupart dans les environs de Chang-hai, laissent peu de temps à leurs curés pour l'évangélisation des païens. Notez encore que le soin des moribonds ajoute d'autres fatigues à celles du missionnaire, appelé à toute heure du jour ou de la nuit auprès de ses chers chrétiens qui ont une grande confiance dans l'efficacité de l'extrême-onction. Du reste Dieu permet que précisément, dans les régions où les chrétiens de vieille date se pressent plus étroitement autour du missionnaire, il se rencontre fort peu de catéchumènes : on dirait que ces païens, habitués depuis trois siècles à entendre le nom de Dieu, sont devenus rebelles à la grâce. Chez eux, les conversions sont devenues très rares et toujours isolées.

PROPAGATEURS DE LA FOI. — Plus au loin, les rangs des chrétiens s'éclaircissent, et aux extrémités de la Mission, le missionnaire pourra n'avoir qu'une église, avec à peine quelques dizaines de chrétiens ou de catéchumènes. Dès lors, les rôles changent : tout à l'heure, nous avons vu le missionnaire s'occuper surtout à conserver la foi dans son nombreux troupeau ; maintenant, nous le trouvons presque perdu, avec quelques rares adhérents, au milieu de l'immensité païenne : il fait alors son occupation principale de propager la foi, et dans ces pays nouveaux, ses plus utiles auxiliaires dans cet apostolat sont d'ordinaire les convertis de la veille. Dans ces conditions, il n'est point rare qu'un missionnaire reçoive en partage un terrain de 30 à 40 lieues de diamètre à parcourir, à défricher, à couvrir des premières semences, tandis que là-bas, près de Chang-hai, ses frères n'avaient que quelques kilomètres à franchir, de dix à quarante, pour traverser tout leur District.

SECTIONS. — Les Sections ont à leur tête un Ministre et sont constituées d'un certain nombre de Districts. Telle d'entre elles, par exemple, ne compte qu'un Ministre et un missionnaire ; telle autre, bien moins vaste du reste au point de vue du territoire, a jusqu'à neuf et dix missionnaires sous un même Ministre. Ajoutons que, presque toujours, le Ministre d'une Section, outre le soin général des Pères et des chrétiens placés sous leur juridiction, exerce directement son autorité sur une ou plusieurs chrétientés qu'il cultive comme un missionnaire ordinaire. Pour le moment, deux seulement sur dix-neuf font exception à cette règle.

PROGRÈS DE 1847 A 1898. — Ces définitions posées, on comprendra facilement les progrès qu'a faits cette Mission depuis cinquante ans, au point de vue de la diffusion de l'évangélisation. En 1847, tandis que 56.500 chrétiens, gouvernés par 25 prêtres, se pressaient dans les six Sections qui s'étendent au sud du fleuve, de la mer à la ville de Sou-tcheou, un seul missionnaire était préposé aux 4.469 chrétiens dispersés dans le reste du Kiang-sou et sur toute la surface du Nganhoei. Ce pénible état de choses, dû tout d'abord à la pénurie des ressources, surtout en ouvriers apostoliques, fut longtemps maintenu par la rébellion des « Longues chevelures ». Quand on put enfin respirer, la Compagnie entreprit courageusement de défricher ce sol immense, jusque-là presque complètement stérile. Sur ce même terrain, qui n'avait jadis qu'un seul prêtre, on en compte aujourd'hui plus de 60 ; au lieu de 13 chrétientés avec 4.500 chrétiens à peine, nous possédons 352 chrétientés et près de 16.000 chrétiens. C'est surtout dans l'ouest de la mission, au Ngan-hoei, qu'ont porté les efforts de pénétration et que Dieu a béni nos travaux ; cette contrée, où travaillent aujourd'hui 39 religieux de la Compagnie de Jésus, n'avait encore, en 1867, que 3 chrétientés ; elle en a maintenant 171 ; elle comptait à la même date 437 fidèles, elle en possède aujourd'hui près de 11.000. Que de luttes, de travaux, de peines de tout genre, représente cette humble moisson, Dieu seul le sait ; mais il sait aussi combien ses « inutiles serviteurs » sont ambitieux de lui offrir des dons plus magnifiques !

PROGRÈS OU RECUL ? — Si, au premier coup d'œil, la comparaison de ces chiffres présente une consolante progression, il semble qu'il en aille autrement qnand on réfléchit à la période parcourue. Les premiers comptes-rendus précis de l'état de nos chrétientés accusent, pour l'année 1848, 60.963 chrétiens ; et quarante ans après, en 1888, ce chiffre n'est porté qu'à 105.021. S'il était vrai, comme l'a affirmé Élisée Reclus (1), que la période de doublement de population est, en Chine, au plus « de vingt années environ », nous aurions dû avoir 121.926 chrétiens en 1868, et 243.852 en 1888, rien que par l'effet de l'excédent des naissances sur les décès... On voit que nous sommes loin de compte, surtout si l'on met en regard les baptêmes d'adultes conférés pendant cette période de quarante ans, 55.171 !

NATALITÉ, MORTALITÉ. — Mais hâtons-nous de dire, comme nous l'avons fait ailleurs (2), que la loi formulée par le géographe susnommé est simplement fausse, surtout si on l'applique aux populations du Kiang-nan durant ce demi-siècle. Nos registres de baptême, qui représentent aussi exactement que possible les chiffres de naissances chez notre population chrétienne, donnent, pour la période 1848-1888, un total de 115.023. Ce chiffre, comparé aux sommes annuelles de cette même population, représente une moyenne annuelle de 33,85 naissances par mille habitants. Cette natalité n'a rien d'excessif, puisque nous la voyons dépassée en Europe par de vastes États, tels que l'Allemagne, l'Autriche, la Russie. De plus, elle doit être mise en présence d'une mortalité dont nous n'avons pas les éléments précis, mais qui est généralement supérieure à celle de nos pays. Les incroyables malheurs arrivés à notre Province pendant les vingt premières années de ce demi-siècle sont venus l'aggraver d'une façon très notable, ainsi que nous allons l'exposer. Notons en outre que des 55.000 baptêmes d'adultes conférés de 1848 à 1888, un grand nombre, peut-être la majorité, l'a été *in extremis* ; et enfin, que plusieurs familles de néophytes, gagnées à Dieu au milieu de ces troubles, n'ont point persévéré dans la foi.

LES TROIS FORCES. — Telles sont les diverses épreuves qui expliquent en partie la modicité de nos résultats apostoliques, mais qui, tout en nous rappelant le devoir de l'humilité, ne font qu'exciter notre confiance dans les miséricordes futures d'un Dieu qui est venu appeler les pécheurs. Le schéma suivant rendra sensibles les progrès de notre

1. *Asie orientale*, p. 566.
2. *L'île de Tsong-Ming*, pp. 15, not. 1, et 48. — Nous avons évalué à 70 ans environ la période de doublement de la population en Chine, ce qui nous reporterait en 1918 pour atteindre le chiffre de 120.000 chrétiens.

Mission, au triple point de vue des chrétiens, des prêtres, des églises du Kiang-nan; une ligne marquant les résultats de la grâce acceptée par l'homme; les deux autres indiquant l'effort humain du prédicateur et de ses ressources matérielles, ce que j'ai nommé les trois forces (1).

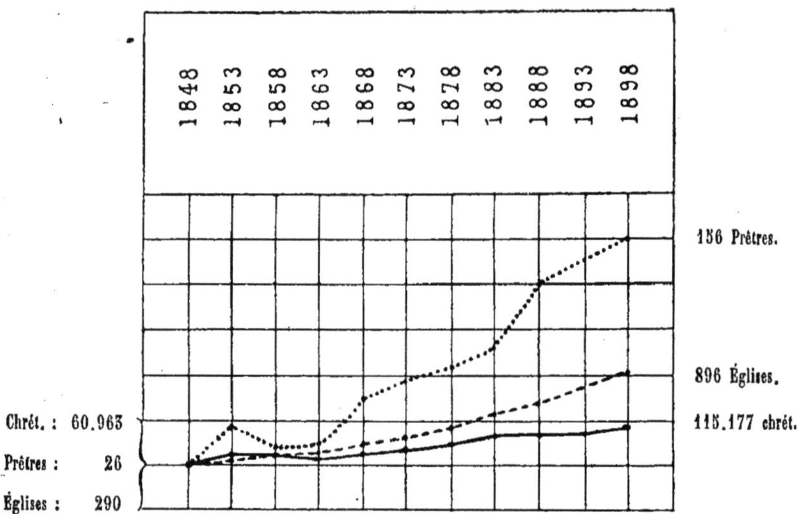

En apparence du moins, les résultats n'ont point correspondu à l'effort humain : les églises ont triplé, les missionnaires ont sextuplé, les chrétiens ont à peine doublé! Il est vrai qu'il faudrait tenir compte, non seulement de la quantité, mais aussi de la qualité des chrétiens, et à ce point de vue nous avons la consolation de constater une vraie transformation. Quoi qu'il en soit, les chiffres, les révélations qui précèdent exciteront nos lecteurs à demander à Dieu une grâce vraiment efficace pour la conversion de ce peuple (2).

INONDATIONS DE 1849. — Nous avons promis le récit abrégé des calamités de la nouvelle Mission : ce sont celles de la Province elle-

1. Les chiffres donnés par M. Louvet dans *les Missions catholiques au XIXe siècle* montrent que la progression des chrétiens dans les autres Provinces a été moyennement la même que celle du Kiang-nan : d'après ces données, les 240.000 chrétiens de 1840 atteignaient, 50 ans plus tard, le chiffre de 472.000. — Plusieurs Missions ont été au-dessous de cette moyenne de doublement; d'autres l'ont très notablement dépassée : tel le Vicariat du Tché-li Sud-Est, confié en 1856 à la Compagnie de Jésus, avec environ 9.000 chrétiens. Après 40 ans, ce chiffre avait quintuplé; au 1er juillet 1898, il était de 47.086. Un tel bonheur est rare et digne d'envie; et nous comprenons cette plainte, qui sans doute n'exclut pas l'espérance, de l'écrivain précité : « C'est un grave problème que celui de la conversion de la Chine. »

2. Les chiffres ci-dessus sont ceux de la fin de juin de chaque année.

même du Kiang-nan. Du mois de mai au mois de juillet 1849, des pluies énormes et dont les eaux ne trouvaient pas un écoulement assez rapide vers la mer, s'abattirent dans notre Province. Le P. Poissemeux écrivait à cette époque : « Les campagnes sont inondées jusqu'à deux ou trois pieds de hauteur, et l'on navigue à travers les champs. » Ce cataclysme eut pour conséquence la famine et une effroyable mortalité. Le P. Lemaître estime que celle-ci fut au moins de sept à huit pour cent, en 1850, dans la seule presqu'île de Hai-men. A Tong-ka-dou et Zi-ka-wei, l'Évêque et ses missionnaires se faisaient les pourvoyeurs des affamés et distribuaient jusqu'à 4.000 rations de riz par jour. Les grandes épreuves rapprochent souvent de Dieu : aussi voyons-nous nos Pères profiter de ces désastres pour gagner plus d'âmes au Ciel; en 1850, l'on baptise 1.918 adultes et 5.230 enfants d'infidèles, contre 298 et 3.742 obtenus l'année précédente. « A mon avis, conclut le P. Brouillon (1), les sacrifices des missionnaires durant la misère publique de 1850, quatre religieux morts pour s'être prodigués aux pauvres malades, l'édification procurée aux fidèles par cet exercice de la charité chrétienne, furent les plus solides fondements de notre apostolat. »

CHANG-HAI AUX MAINS DES BRIGANDS. — « A la fin de 1852, écrit le même missionnaire (2), on apprend que l'armée des rebelles est à Kieou-kiang, aux frontières du Hou-pé, du Kiang-si et du Kiang-nan ; et au mois d'avril 1853, qu'elle s'est emparée de Nan-king, de Tchen-kiang et Yang-tcheou-fou. » D'indicibles horreurs furent commises dans ces trois villes par les révoltés du Koang-si. On ne pouvait rien attendre des troupes impériales, lâches, sanguinaires et aussi impudiques que les troupes ennemies. A Chang-hai, « les brigands de la contrée étaient plus à craindre encore; car il existait, entre les murs de la cité et les habitations des Européens, une colonie de Cantonais et de Fokiénois, coutumiers d'émeutes », qui, dans la nuit du 7 au 8 septembre 1853, s'emparèrent de la ville et en tuèrent le sous-préfet. L'attitude louche des pouvoirs anglais et américains avait encouragé ce hardi coup de main, qui maintint Chang-hai, pendant près de dix-huit mois, sous la plus odieuse tyrannie : il fallut l'intervention de notre marine pour sauver notre église de Tong-ka-dou et faire cesser cet état de choses; dans la nuit du 17 au 18 février 1855, à la suite de plusieurs succès remportés par les marins de l'amiral Laguerre, les brigands prenaient enfin la fuite et se dispersaient.

1. *Mémoire sur l'état actuel de la Mission du Kiang-nan*, 1842-1855, p. 98.
2. *Op. cit.*, p. 17.

LES REBELLES TCHANG-MAO. — Cinq ans après, de bien autres malheurs atteignaient le Kiang-nan et ses chrétientés. Les rebelles, originaires du Koang-si, et vulgairement connus sous le nom de Tchang-mao, « longues chevelures », sortant de Nan-king qu'ils occupaient depuis le 20 mars 1853, se répandirent dans les riches campagnes situées au sud du Kiang et y portèrent la dévastation : le pillage, l'incendie, le viol, le meurtre, l'esclavage désolèrent alors le Kiang-nan. Un grand nombre de nos chrétiens périrent ou disparurent dans ces malheurs publics; la plupart de leurs habitations, de nos églises furent brûlées ou systématiquement détruites; et les missionnaires donnèrent plus d'une fois la vie pour leurs brebis : la seule année 1862 vit s'éteindre neuf d'entre eux. On le comprend, de semblables épreuves n'étaient point favorables au développement de la population chrétienne : elle atteignait 77.000 âmes en juin 1860, tombait en 1864 au chiffre de 70.000, et ne revenait qu'en 1869 à son point de départ; et cependant, durant ces dix années, les missionnaires avaient eu la consolation d'administrer plus de 20.000 baptêmes d'adultes!

L'EUROPE EN CHINE. — Au milieu de ces troubles dynastiques qui éprouvèrent particulièrement la Province du Kiang-nan, il s'était produit en Chine un événement capital, appelé à modifier la position des missionnaires de cet immense empire. Nous ne pouvons que résumer très brièvement ici les faits qui ouvrirent enfin la vieille Chine à l'Europe, et transférèrent le protectorat des Missions catholiques des mains débiles du Portugal à celles de la France (1).

LA GUERRE DE L'OPIUM. — En mars 1841, les Anglais s'étaient emparés de Canton, où ils laissaient une garnison. En août, ils avaient pris Amoy; en octobre, ils avaient occupé les îles Tchou-san, Ning-po et les villes voisines. Du 16 au 19 juin 1842, ils s'emparaient de Ou-song et de Chang-hai, puis, remontant le cours du fleuve, ils prenaient Tchen-kiang en juillet. Enfin, au mois d'août, ils concluaient à Nan-king une paix qui assurait l'ouverture des cinq ports suivants : Canton, Amoy, Fou-tcheou, Ning-po et Chang-hai.

INTERVENTION DE LA FRANCE. — Deux ans après, M. de Lagrené, ambassadeur de France en Chine, arrivait à Canton, et, le 24 octobre 1844, concluait avec le plénipotentiaire chinois un traité analogue. Un article des conventions stipulées en juillet précédent entre les États-Unis et la Chine, assurant la liberté de la religion dans

1. J'emprunterai ces notions au manuscrit que le R. P. Colombel a préparé sur notre Mission pour les *Missions catholiques françaises* du R. P. Piolet.

les ports ouverts, était spécialement rappelé. Un autre article promettait que tout Européen pris dans l'intérieur serait remis au consul des ports ouverts. Le 28 décembre de la même année, M. de Lagrené fut plus heureux encore : il obtint de Ki Yng, pour les chrétiens chinois, la liberté de pratiquer leur religion. Enfin, le 20 février 1846, une nouvelle convention promettait la restitution des églises enlevées jadis au culte catholique.

Mgr DE BESI ET SES SUCCESSEURS. — L'Évêque de Canope, administrateur du Kiang-nan, avait eu la joie d'assister aux premières réalisations de ces belles promesses. Quand, en 1847, il repartit pour l'Europe, où il mourut en 1871, il venait de poser la première pierre de la cathédrale de Chang-hai. Quelques mois après, en janvier 1848, M. de Montigny arrivait à Chang-hai, pour y établir le consulat français; c'était, sur un point, le commencement effectif du protectorat permanent de la France.

Le successeur de Mgr de Besi, Mgr François Maresca, Napolitain, de la Sainte-Famille, consacré Évêque en 1847, et nommé deux ans après Administrateur du Kiang-nan, fut témoin, nous l'avons vu, durant son trop court apostolat, de grandes misères qui lui donnèrent, ainsi qu'aux siens, l'occasion d'exercer tous les ministères de la plus héroïque charité. Épuisé de forces, il retourne à son tour en Europe, le 8 avril 1855, et y meurt la même année. Il laissait sa charge à Mgr Spelta, Franciscain italien, qui, depuis le 11 septembre 1848, avait été consacré son Coadjuteur. Transféré en 1856 au Vicariat apostolique du Hou-pé, Mgr Spelta laissa lui-même la place au P. André Borgniet, Jésuite français, qui exerça d'abord les fonctions de Provicaire apostolique.

PREMIER JÉSUITE VICAIRE APOSTOLIQUE. — Désormais, l'ancien diocèse de Nan-king avait vécu; en revanche, le Saint-Siège autorisait les Jésuites à jouir du droit commun des Missions, en ayant à leur tête un Vicaire apostolique de leur Ordre. Le 2 octobre 1859, le P. Borgniet reçut cette charge avec la consécration comme Évêque de Bérisse. Il eut la joie, après la guerre dite des Alliés, de voir le traité des 13-25 juin 1858 (1) complété par le pacte de 1860, accordant enfin, *en principe*, au christianisme, une liberté sans entrave. Sa carrière fut courte et cependant remplie d'amères sollicitudes. Au mois de mai 1860, les partisans de la grande rébellion Tai-ping-tien-kouo « du Royaume céleste de la Grande-Paix », grossis des troupes impériales qui venaient de se joindre à eux, firent irruption dans la plaine de

1. Ce traité stipulait notamment la présence des Légations à Pé-king, l'ouverture du Kiang au commerce, la liberté de voyager dans les provinces.

Chang-hai, et y causèrent les ravages que nous avons dits plus haut. Un grand nombre de nos chrétiens mourut de misère. Leurs maisons, nos chapelles furent brûlées ou détruites. Nos établissements de Chang-hai et de Zi-ka-wei ne durent leur salut qu'à la protection du général de Montauban, puis de l'amiral Protet, qui périt dans une rencontre. Ces malheurs durèrent quatre années, pleines pour les nôtres de cruelles anxiétés et de dévouements. Nous dirons bientôt la fin du P. Louis Massa, mort à la tête de son troupeau; pour nous borner, citons encore la fin tragique du P. Victor Wuillaume, percé de lances par les rebelles, le 4 mars 1862, dans son district du Pou-tong. Quand ces calamités cessèrent, grâce à l'intervention de la France, Mgr Borgniet n'était plus; il était mort, emporté par le choléra, le 31 juillet 1862, dans notre Mission du Tché-li Sud-Est.

Mgr LANGUILLAT. — Cette dernière avait alors pour Vicaire apostolique Mgr Adrien Languillat, dont la nomination remontait au 20 mai 1856, et la consécration comme Évêque de Sergiopolis, au 22 mars 1857. Cet Évêque suivant le cœur de Dieu fut transféré au Vicariat du Kiang-nan le 6 septembre 1864 et arriva au port de Chang-hai le 22 mars suivant. Durant l'absence du pasteur, les Supérieurs réguliers de cette Mission avaient livré de bons combats; le premier d'entre eux, le P. Mathurin Lemaître, mérite une mention exceptionnelle pour la force et la prudence dont il fit preuve durant ces jours mauvais. Le 28 avril 1863, se sentant proche de sa fin, il remit ses pouvoirs aux mains du P. Joseph Gonnet, qui les exerça jusqu'à l'arrivée de Mgr Languillat (1).

RESTITUTIONS. — Une grande tâche était réservée au nouveau prélat : celle de réorganiser la Mission, au lendemain de ses désastres. Il n'y faillit pas, et s'efforça tout d'abord de reconquérir les anciennes églises de la Compagnie. L'insigne mauvaise foi des mandarins faisant litière des traités ne fit qu'exalter son courage : jadis, simple missionnaire au Chan-tong, il avait connu dans les prisons la fourberie et l'inhumanité de la classe lettrée; devenu Évêque, il n'était point homme à céder les droits de la religion. Déjà, deux fois de suite, en 1857-1858 et en 1860, la violation des traités avait forcé la France et l'Angleterre à déclarer la guerre à la Chine, et nos chrétientés en avaient ressenti le douloureux contre-coup, notamment à Hai-men et Tsong-ming. Quand

1. Voici le tableau des Supérieurs réguliers de la Mission qui se sont succédé depuis 1841 : 1° P. Claude Gotteland, 15 avril 1841; 2° P. Auguste Poissemeux, 15 avril 1848; 3° P. Nicolas Brouillon, 5 avril 1851; 4° P. Pierre Fournier, 18 août 1854; 5° P. Mathurin Lemaitre, 21 novembre 1855; 6° P. Joseph Gonnet, 23 novembre 1862; 7° P. Agnel della Corte, 6 mai 1866; 8° P. Auguste Foucault, 7 février 1873; 9° P. Louis Chauvin, 30 octobre 1876; 10° P. Charles Sédille, 6 septembre 1882 11° P. Prosper Paris, 10 septembre 1893.

l'Évêque arriva, son premier soin fut d'exiger les restitutions promises; la seule église de Nan-king demanda deux années de luttes, 1865 et 1866; puis vint celle de Ngan-king, et il fallut pendant de longues années encore disputer pied à pied à l'ennemi nos anciennes possessions.

CONVENTION BERTHEMY. — En même temps, de toutes parts, les mandarins entravaient le droit, reconnu formellement aux missionnaires par le traité de 1860, d'acquérir de nouveaux établissements. Le tout-puissant ministre Li Hong-tchang veillait à ce qu'aucun achat ne fût fait par eux, que sous des conditions impossibles à réaliser. En février 1865, M. de Berthemy, ministre de France à Pé-king, accorda que ces achats devraient, à peine d'invalidité devant les tribunaux, se faire au nom collectif de la communauté catholique. Li Hong-tchang, abusant de cette concession, prétendit qu'elle impliquait le devoir, pour les missionnaires et leurs vendeurs, de consulter, avant tout achat, les mandarins et les notables. Une telle clause annulait en réalité l'effet des conventions, et fut pendant trente ans l'occasion d'innombrables persécutions locales. C'est seulement en 1895 (7 septembre) que le ministre de France, M. Gérard, put enfin faire retirer au gouvernement chinois cette interprétation pharisaïque de la convention Berthemy.

ŒUVRES ET PERSÉCUTIONS. — En même temps qu'il prenait possession des villes les plus importantes de la Province, Mgr Languillat donnait ses soins aux œuvres centrales dont nous aurons bientôt à parler. Nous dirons aussi quelques-unes des persécutions que l'astuce et la haine chinoises, servies surtout par l'implacable Li Hong-tchang, firent souffrir à notre Mission. Cette animosité ne fut point étrangère à la tragédie de Tien-tsin : Li Hong-tchang venait de céder à Ma Sin-i la vice-royauté du Kiang-nan et de gagner le Nord. Au mois de mai 1870, deux mandarins fauteurs de sa politique machinaient à Nan-king le massacre des Européens. Ma Sin-i averti à temps allait sévir contre eux; mais ils lui échappèrent et allèrent exécuter leurs projets à Tien-tsin. Ma Sin-i, mahométan d'origine, jadis soigné, puis baptisé par nos Pères sous les murs de Chang-hai, réprima énergiquement les tentatives de trouble dans notre Province. Il paya ce dévouement de sa vie : le 26 août, il tombait sous le poignard d'un assassin. L'on connait le *Memorandum* adressé par Li Hong-tchang aux puissances européennes le 8 juin 1871 : il prétendait y démontrer que tous les troubles provenaient des injustes exigences des missionnaires, et proposait des mesures qui étaient la négation même des traités. Bien que rejeté unanimement par les ministres de Pé-king, ce document resta jusqu'à ces derniers temps l'unique règle des autorités chinoises envers les missionnaires.

Mgr GARNIER. — A son retour du Vatican, le 16 juin 1871, Mgr Languillat eut l'honneur et la consolation de consacrer solennellement le Vicariat du Kiang-nan au Sacré-Cœur de Jésus; cette émouvante cérémonie eut lieu dans la cathédrale de Tong-kia-tou, en présence d'une vaste assemblée de chrétiens, accourus avec leurs missionnaires de tous les points. Ce saint Évêque s'éteignit doucement à Zi-ka-wei, le 29 novembre 1878, après de grands travaux entrepris pour sa chère Mission et deux voyages *ad limina* en 1867 et en 1870 (1). Son successeur, Mgr Valentin Garnier, nommé le 21 janvier 1879, et consacré Évêque de Titopolis le 27 avril suivant, vient de nous quitter à son tour pour une vie meilleure, le 14 août dernier (2).

NOS VOISINS. — Plus d'une fois nos correspondants diront un mot des Missions contiguës à la nôtre. Il ne sera donc pas sans intérêt de comparer les conditions générales de la Mission du Kiang-nan, exprimées par les chiffres donnés plus haut, avec celles des Vicariats des cinq provinces chinoises qui l'avoisinent, au sud, à l'ouest et au nord (3). Au sud du Kiang-sou et au sud-est du Ngan-hoei, la Province du Tché-kiang, confiée aux Lazaristes, forme un Vicariat apostolique (Mgr Reynaud), comptant 10.500 chrétiens et 26 prêtres, dont 23 Lazaristes, tant européens qu'indigènes. Au sud-ouest du Ngan-hoei, la Province du Kiang-si, aussi aux Lazaristes, divisée en trois Vicariats, septentrional (Mgr Bray), méridional (Mgr Coqset) et oriental (Mgr Vic), comptant respectivement : 4.600, 4.200 et 10.900 chrétiens, avec 12, 11 et 20 prêtres, dont en tout 17 indigènes. Vers l'ouest-sud-ouest, la Province du Hou-pé, aux Franciscains, divisée en trois Vicariats, oriental (Mgr Carlassare), septentrional (Mgr Banci) et méridional (Mgr Christiaens), avec 16.000, 9.700 et 4.900 chrétiens; 32, 21 et 21 prêtres, dont en tout 41 indigènes. La Province du Ho-nan, à l'ouest et au nord-ouest du Ngan-hoei, confiée aux Missions de Milan, divisée en deux Vicariats, septentrional (Mgr Scarella) et méridional (Mgr Volonteri), comptant 2.300 et 7.800 chrétiens, avec 12 et 11 prêtres, dont en tout 7 indigènes. Enfin, au nord du Kiang-sou, la Province du Chan-tong, divisée en trois Vicariats dont deux, septentrional (Mgr de

1. Sa vie a été écrite par M. l'abbé Pierre : *Histoire des œuvres et de la vie de Mgr Languillat*, Paris.
2. Léon XIII a nommé pour lui succéder, en janvier 1899, le R. P. Jean-Baptiste Simon.
3. Nous empruntons ces chiffres à l'ouvrage officiel de la Propagande, *Missiones catholicæ*, pour 1898.

Marchi) et oriental (Mgr Schang), appartenant aux Franciscains; le troisième, méridional (Mgr Anzer) aux missionnaires allemands de Steyl; ces trois Missions comptent respectivement 14.900, 7.500 et 9.000 chrétiens; 23, 11 et 36 prêtres, dont en tout 23 indigènes. De ces douze Missions, la dernière seule est placée sous le protectorat allemand. On sait la bonne aubaine que ce titre récent a valu à l'Allemagne : l'annexion du Kiao-tcheou. En résumé, les cinq provinces qui touchent notre Mission forment douze Vicariats apostoliques, avec un total de 102.300 chrétiens et un effectif de 135 prêtres européens et de 101 prêtres indigènes (1).

RESSOURCES.—Ajoutons, pour éclairer complètement nos bienfaiteurs, que, tandis que le Conseil central de la Propagation de la Foi (2) allouait, pour le dernier exercice, un subside annuel de 9.000 francs à la Mission du Kiang-nan, les douze Vicariats sus-nommés, la plupart confiés à des missionnaires de nationalité étrangère, recevaient de la même Œuvre la somme totale, relativement importante, de 218.060 fr., soit vingt-quatre fois plus que la double Province du Kiang-nan. Cette constatation n'est pas une plainte : elle sera un encouragement pour le passé et pour l'avenir aux âmes généreuses qui nous soutiennent dans nos immenses besoins.

J'ai lu dernièrement dans une lettre imprimée que nous recevions des secours de la Propagande. J'ignore si quelque Mission française émarge au budget de cette institution romaine que j'imagine fort modeste, surtout depuis la spoliation du gouvernement italien; ce que j'en puis dire, c'est que la Mission du Kiang-nan n'y a jamais eu aucune part. Nous recevons, il est vrai, de l'Œuvre française de la Sainte-Enfance, des secours généreux; mais on sait que ces fonds ont une

1. Voici, d'après les mêmes sources officielles, l'état des 21 Vicariats apostoliques entre lesquels se divisent les 12 autres Provinces de la Chine proprement dite. Les Missions-Étrangères de Paris ont sept Missions avec 230 prêtres européens, 115 prêtres indigènes et 149.820 chrétiens. Les Franciscains, la plupart italiens, ont six Missions, avec 62 prêtres européens, autant de prêtres indigènes, et 59.900 chrétiens. Les Lazaristes ont deux Missions, avec 36 prêtres européens, 39 prêtres indigènes et 67.380 chrétiens. Les Dominicains espagnols ont deux Missions avec 28 prêtres européens, 21 prêtres indigènes et 38.010 chrétiens. La Compagnie de Jésus a une Mission avec 42 prêtres européens, 16 prêtres indigènes et 45.510 chrétiens. Les missionnaires belges ont une Mission avec 17 prêtres européens et 3.010 chrétiens. Les missionnaires du Séminaire romain des SS. Pierre et Paul ont une Mission avec 13 prêtres italiens, 3 prêtres indigènes et 9.180 chrétiens. Enfin les Augustiniens espagnols ont, depuis 1879, une Mission où l'on ne compte encore que 6 prêtres européens, 2 prêtres indigènes et 215 chrétiens. En tout, pour lesdits Vicariats confiés à 8 Ordres ou Congrégations religieuses différentes : 434 prêtres européens, 258 prêtres indigènes et 373.025 chrétiens. La ville de Kong-kong, administrée par les missionnaires de Milan, au nombre de 7, aidés par 5 prêtres indigènes, compte en outre plus de 7.000 catholiques.

2. Cf. *Annales de la Propagation de la Foi*, 1898, n° 421.

destination toute spéciale : le rachat, le baptême et l'éducation des enfants nés de parents païens. Sans doute cette Œuvre est magnifique : elle peuple le ciel d'une multitude d'âmes qui, sans elle, en eût été privée; mais c'est là, pour la très grande partie, l'avantage de la seule Église triomphante, presque tous ces enfants mourant jeunes. La terre, elle aussi, a besoin d'âmes chrétiennes qui demeurent, il doit s'y faire des conversions : c'est l'œuvre des catéchumènes et de la propagation de la foi proprement dite; on doit y diriger les néophytes : c'est l'œuvre des grands ministères apostoliques; on doit instruire les enfants de ces nouveaux chrétiens, leur bâtir des écoles, des temples : c'est l'œuvre nécessaire de la conservation. Et toutes ces œuvres sont coûteuses, et nul ne pourrait sans injustice se servir, pour les faire subsister, du petit sou donné pour l'Œuvre de la Sainte-Enfance... *Unde ergo nobis in deserto panes tantos, ut cibaremus turbam tantam?*

UN VICAIRE APOSTOLIQUE. — Plus d'un lecteur se sera demandé pourquoi le Kiang-nan, comprenant deux Provinces chinoises, n'a qu'un Vicariat apostolique, tandis que les cinq Provinces voisines en ont douze. Une des principales raisons de cette indivision est la facilité qu'offre à notre Évêque le fleuve Bleu pour visiter son vaste diocèse. De ce fait et du fait aussi de l'admirable canalisation du Kiang-sou, surtout sur la rive droite où se pressent les vieilles et surtout les plus nombreuses chrétientés, notre Mission jouit de conditions exceptionnellement avantageuses. Nous admettons parfaitement qu'ailleurs, dans un pays où les communications sont lentes et hasardeuses, on ait érigé jusqu'à trois Vicariats dans une même Province, pour rendre chaque chrétienté plus accessible à son premier pasteur; mais tel n'était point notre cas; nous comprenons aussi que là où la multiplication des mitres a eu pour conséquence l'augmentation du personnel et des ressources matérielles, on ait plus facilement accepté le morcellement; mais tel n'aurait point été notre cas. Nous admettons enfin que le jour où le clergé séculier se sera développé d'une façon notablement supérieure à celle des missionnaires étrangers, il y aurait lieu à l'entourer de plus près de la paternelle surveillance et tutelle d'un Évêque; mais encore ce n'est point notre cas. En un mot, nous ne croyons pas que, par lui-même, le démembrement de notre Vicariat aurait la vertu de multiplier les conversions ou de sanctifier davantage nos chrétiens. Une forte autorité religieuse, aimée, respectée, obéie de tous, le prestige qui s'attache à cette autorité lorsqu'elle garde un certain air de dignité, surtout dans ses rapports avec un pouvoir séculier et païen pour qui le décorum est une force, feront plus dans ce but que l'emploi de tout autre moyen.

ÉRECTION DES ÉGLISES. — L'érection des églises fut toujours une des grandes sollicitudes des missionnaires du Kiang-nan. Sans doute le souci d'édifier au Seigneur des temples spirituels est autrement noble que celui de bâtir des temples matériels, mais l'homme n'est pas un pur esprit, et sans église et sans culte visible, c'en est bientôt fait des âmes. Que d'anxiétés cause au missionnaire ce besoin de notre condition! Alors même qu'il a trouvé près d'âmes généreuses les secours dont il a besoin, il doit s'improviser architecte et parfois passer une partie notable de son temps à édifier ou restaurer des chapelles, des écoles. Pour ne parler que des premières, qu'on se figure ce qu'ont pu coûter d'argent et de soucis les neuf cents églises environ que possède le Kiang-nan. Un trop grand nombre encore de ces édifices ressemblent plutôt à des chaumières qu'à des temples du Seigneur; j'en connais dont le pavé est la terre battue, dont le toit est de paille, les parois de roseaux; mais la plupart sont décentes et représentent, de la part de nos chrétiens et de nos bienfaiteurs d'Europe, des sacrifices que Dieu connaît et récompensera au centuple.

ÉGLISES CENTRALES. — Retracer brièvement l'histoire des principales églises de la Mission sera un sûr et facile moyen de faire assister nos lecteurs au développement progressif de nos œuvres centrales pendant ce demi-siècle. Nous grouperons donc sous chaque notice les renseignements les plus intéressants se rapportant aux œuvres spéciales d'une localité ou d'une contrée.

ZI-KA-WEI. — *A Jove principium.* Nous commencerons par décrire Zi-ka-wei, centre principal de notre Mission.

CHAPITRE IV

ZI-KA-WEI

POSITION, ORIGINE. — Siu-kia-hoei (en dialecte local Zi-ka-wei) (1) était un très modeste village situé à 8 kilomètres à l'ouest de Chang-hai. Il comprenait quelques dizaines de familles de cultivateurs, toutes descendant du grand ministre Siu (vulg. Zi); de là le nom de Siu-kia-hoei, « Confluent de la famille Siu ». Ces pauvres paysans étaient bien déchus de la splendeur de leur ancêtre; mais, en Chine, rien n'est plus habituel que ces revirements de fortune, qui, après tout, ne sont point un malheur; ce qui était moins brillant dans l'espèce, c'est que, à part quelques membres restés fidèles à la foi de ses pères, cette grande famille avait presque complètement apostasié.

PREMIÈRE RÉSIDENCE. — C'est à l'ombre du tombeau de Siu Koang-ki, le Ministre d'État ou Colao des jours heureux, que les successeurs de Ricci, au XIXᵉ siècle, voulurent fixer leur première résidence; car on ne peut appeler de ce nom les quelques chambres qu'ils possédèrent, à partir de 1844, près du séminaire de Wang-dang. C'est Zi-ka-wei qui devait devenir le centre de la Mission, et c'est dans ce village qu'en mars 1847, les Pères achetèrent une modeste propriété, où ils transférèrent leur demeure le 31 juillet de la même année. Bientôt la chapelle devint trop étroite; on lui substitua une église, dont un artiste habile, le Fr. espagnol Jean Ferrer, donna les plans, et un Français, le P. Louis Hélot, surveilla l'exécution (2). La première pierre de cet édifice était posée le 23 mars 1851, et le 31 juillet suivant, en la fête de Saint Ignace, Mgr Maresca, administrateur du diocèse de

1. Le lecteur trouvera souvent deux orthographes différentes du même nom, répondant l'une à la langue la plus répandue en Chine (mandarine), l'autre (*vulgo*), au dialecte de Chang-hai. En général, si une seule prononciation est figurée, c'est celle de langue mandarine. Sur nos deux cartes, dressées par les soins du P. Louis Carrez, nous avons réduit toutes les dénominations à cette dernière forme, plus universelle et dès lors plus scientifique.

2. Un an après, l'architecte devenait pilote et, seul, entreprenait de conduire en Corée M. Maistre, qui frappait en vain depuis dix ans à la porte de cette Mission. On peut lire dans l'*Histoire de l'Église de Corée* (t. II, pp. 371 et suiv.) l'émouvant récit de cette audacieuse traversée.

Nan-king, bénissait solennellement ce temple dédié au fondateur de la Compagnie de Jésus : c'était le premier monument de style européen élevé au Kiang-nan. Mgr Spelta, coadjuteur de Mgr Maresca, Mgr Forcade, Vicaire apostolique du Japon, Mgr Novella, coadjuteur du Vicaire apostolique du Hou-pé et plusieurs Européens, notamment les officiers du vaisseau de guerre français « La Capricieuse », rehaussaient l'éclat de la cérémonie, à laquelle assistait une foule nombreuse de païens et de chrétiens (1).

LA CHRÉTIENTÉ. — Aujourd'hui, l'église de 1851 est devenue elle-même trop petite pour les huit cents chrétiens que compte la paroisse de Zi-ka-wei, et il nous faut songer à bâtir de nouveau. Ce n'est point que les anciens apostats nous aient donné la consolation d'augmenter notre petit troupeau : à part quelques baptêmes reçus *in extremis*, la famille Siu est restée païenne jusqu'à ce jour. La chrétienté de Zi-ka-wei a reçu d'ailleurs ses principaux accroissements : lorsque les rebelles Tchang-mao, envahissant cette Province, faisaient fuire devant eux le peuple épouvanté de leurs excès (2), plusieurs familles chrétiennes venues de l'Ouest se fixèrent auprès de l'humble résidence des missionnaires, qui devinrent leurs protecteurs. Telles sont les origines du village chrétien de Zi-ka-wei. La simplicité, la docilité, la fécondité de nos paroissiens nous consolent de l'opiniâtre froideur des apostats qui vivent sous nos yeux. Nos écoles externes de filles et de garçons regorgent d'élèves et nous assurent que cette chrétienté comptera de plus beaux jours encore.

NÉCESSITÉ DES ÉCOLES. — Les écoles, voilà la grande affaire du missionnaire, pour conserver la foi dans la famille chrétienne. Il

1. C'est au commencement de 1851 que nous trouvons la résidence de Zi-ka-wei régulièrement constituée, avec le P. André Borgniet comme Ministre et plusieurs autres missionnaires, dont trois s'adonnent à l'étude exclusive du chinois. L'année suivante, cette maison reçoit un Vice-supérieur, le P. Stanislas Clavelin. En 1853, le collège de Zi-ka-wei a pour Vice-recteur le P. Adrien Languillat. En 1857, le P. Mathurin Lemaître est nommé Vice-supérieur. L'année suivante, la même maison ne possède plus qu'un Ministre, le P. François Plet; en 1859, c'est le P. François Ravary qui occupe cette charge. Puis, en 1860, le P. Ange Zottoli est Vice-recteur; remplacé en 1866 par le P. della Corte, en 1867 par le P. Pierre Olive et en 1869 par le P. Henri Bulté, nous le retrouvons dans le même office à partir de 1872. Trois ans plus tard, le P. Zottoli cède de nouveau la place au P. Charles Sédille. En 1878, c'est le tour du P. Valentin Garnier, qui ne quitte sa charge l'année suivante que pour l'échanger contre une mitre. Le P. Bulté, qui le remplace comme Vice-recteur, devenu lui-même Vicaire apostolique du Tché-li S.-E., a pour successeur, en 1881, le P. Charles Sédille; puis, en 1883, le P. Louis Chauvin; enfin, en 1895, le P. Henri Havret, suppléé en 1898 par le P. J.-B. Simon,

2. On trouvera des détails intéressants sur cette époque critique de notre Mission, dans l'ouvrage *Mémoire sur l'état actuel de la Mission du Kiang-nan* (1842-1855), par le P. Brouillon, S. J., Paris, 1855.

n'en existait pas ou presque pas, il ne pouvait en exister jadis, alors que parfois trente à quarante missionnaires se partageaient les 250 à 300.000 chrétiens (1) qui couvraient la Chine de Canton à *Pé-king*, de *Chang-hai* jusqu'au cœur du *Se-tchoan*, et devaient en outre pourvoir à la préparation de 15 ou 20.000 baptêmes d'adultes, conférés annuellement à l'époque la plus brillante de l'évangélisation. Un jour, le Père Général de la Compagnie, comparant entre eux les rapports qui lui venaient de Chine, posa à nos Pères cette question : « Comment se fait-il que ces chiffres considérables de baptêmes laissent stationnaire, ou à peu près, la somme totale des chrétiens de la Chine ? » La clef de cette énigme lui fut donnée; elle était douloureuse. « L'ignorance, répondirent nos Pères, nous reprend bientôt, à la seconde, quelquefois dès la première génération, ce que l'intelligence éclairée par la foi du père ou de l'aïeul nous avait donné. Faute d'écoles et vu l'insuffisance, dans la plupart des cas, de l'éducation familiale, les fils ou les petits-fils de nos néophytes retournent trop souvent au vomissement de leurs ancêtres... Oh ! que ne pouvons-nous assurer, par de nombreuses écoles, la persévérance de nos familles chrétiennes... »

ÉCOLES DE LA MISSION. — Ces lettres, dont les originaux existent encore, nous montrent nos anciens missionnaires attachés à l'ingrat labeur des Danaïdes ! Aujourd'hui, pour être parfois moins brillantes, les conversions faites en Chine n'en sont pas moins précieuses ; l'institution des écoles leur assure une stabilité qu'on chercherait vainement ailleurs. Nos Pères, dont un des principaux ministères en Europe est l'éducation de la jeunesse, l'ont bien compris ; placés dans des conditions plus avantageuses que leurs devanciers, ils ont établi partout des écoles. Ils en comptent aujourd'hui au Kiang-nan 390, dont 96 internats, pour les garçons, et 449, dont 77 internats, pour les filles. Ces écoles occupent 504 maîtres et 598 maîtresses; elles ont reçu durant le dernier exercice une population infantile de 11.262 garçons et 5.309 filles, dont un peu plus d'un tiers appartient à des familles catéchumènes. Sur ces 11.000 garçons, 3.262, et sur ces 5.000 filles, 2.113, ont été reçus aux internats.

FRAIS ÉNORMES. — On comprend les frais énormes que représentent de tels chiffres. Ceux d'externat eux-mêmes, si modiques qu'ils soient pour chaque élève, sont loin d'être couverts par les fa-

1. M. Louvet estime que les chrétiens de Chine montèrent à 800.000. Nous ignorons où il a trouvé ce chiffre que, jusqu'à nouvelle preuve, nous croyons exagéré de plus de moitié, même pour l'époque la plus brillante du règne de *Kang-hi*, dans les premières années du XVIIIe siècle. Cf. Lettre du P. Gaubil, du 6 octobre 1726.

milles : celles-ci sont généralement pauvres, et il faut l'avouer, comprenant peu encore les bienfaits, la nécessité de cette éducation chrétienne, elles spéculent trop souvent sur la bonté du missionnaire qui veut à tout prix prémunir et sauver ces petites âmes. En général, pour ces frais scolaires d'externat, il suffirait que chaque enfant donnât par an 8 ou 10 francs... Eh bien ! nous devons nous estimer heureux, dans des chrétientés réputées ferventes, de recevoir la moitié de ce chiffre. Au missionnaire de procurer le surplus. Le lecteur peut conclure : ses aumônes sont bien employées, et seraient-elles doublées, nous en trouverions un aussi avantageux emploi. Une autre Mission de la Compagnie, celle de nos Pères du Tché-li S.-E., indiquait comme il suit à ses bienfaiteurs le salaire moyen d'un maître ou d'une maîtresse d'école :

Salaire annuel pour un maître d'école : 200 francs.

Salaire annuel pour une maîtresse d'école : 120 francs.

Ce sont aussi nos chiffres.

INTERNATS. — Quant aux internats, c'est bien une autre affaire, et, à part quelques chrétientés modèles, composées presque exclusivement de pêcheurs, toutes ces maisons nous grèvent de lourdes charges. Et pourtant Dieu sait avec quelle parcimonie nous traitons nos hôtes ! Ici, point de palais scolaire, point d'uniforme, pas de mets délicats ; mais la vie pauvre dans une maison pauvre. Et cependant, comme nos Pères du Tché-li, nous estimons que l'entretien annuel d'un pensionnaire, instruction et nourriture comprises, ne s'élève guère à moins de 150 francs pour les garçons et de 125 francs pour les filles. Qu'on juge par là de nos besoins, sans cesse renouvelés, et que doivent acquitter les fonds de la Providence !

A ZI-KA-WEI. — Mais revenons à Zi-ka-wei. Des écoles externes, avec un enseignement rudimentaire, — en France nous dirions primaire, — ne suffisaient pas au centre de la nouvelle Mission. Il nous fallait mieux : un collège. C'était en 1849, l'inondation avait maintenu pendant plusieurs mois sous les eaux les terres et les habitations du Kiang-sou. De là une misère noire, la famine, les maladies et une effrayante mortalité. Quelques païens demeurant aux environs de Zi-ka-wei nous confièrent d'eux-mêmes leurs enfants ; nous les recueillîmes dans de petites chambres contiguës à notre résidence, et on leur donna un maître chrétien indigène pour les instruire. Telles sont les humbles origines du collège de Zi-ka-wei. Après quelque temps, une partie de ces enfants furent séparés des autres, comme peu propres aux études, et appliqués à l'apprentissage des travaux manuels. Ceux qui restaient virent bientôt leur nombre s'accroître par l'arrivée de nouveaux condisciples appartenant aux plus honorables familles de nos chrétiens.

COLLÈGE SAINT-IGNACE. — Il fallut bâtir, mais pauvrement, un vaste abri pour ce bataillon d'écoliers; c'étaient de vulgaires constructions chinoises qui peu à peu s'entassaient sans ordre sur un terrain trop étroit, pour répondre aux nécessités les plus pressantes du moment. Le bon esprit, la piété, l'application de ce petit peuple lui eussent fait supporter longtemps encore l'insuffisance de son installation du moment; mais les Supérieurs, la trouvant peu salubre et insuffisante, élevèrent, en 1878, une maison mieux aérée, contenant de vastes études vitrées au rez-de-chaussée, et, au premier étage, des dortoirs munis de cent vingt alcôves; une vaste chapelle, un réfectoire, des hangars et des cours pour les récréations, complétaient cette installation, dont le besoin se faisait depuis longtemps sentir, mais qui fut retardée, toujours faute de ressources.

SON BUT. — Le but de ce collège est d'élever dans la piété et dans la science des lettres chinoises les enfants chrétiens de familles honorables et de les rendre propres à concourir pour les grades académiques. C'est là que se forment nos futurs auxiliaires, maîtres d'écoles, administrateurs de chrétientés, catéchistes des missionnaires. Les chiffres suivants, arrêtés à l'année 1887, derniers documents que nous ayons en ce moment sous la main, diront si cette œuvre a produit des fruits proportionnés à nos efforts.

RÉSULTATS. — Il y a onze ans, le collège de *Zi-ka-wei* avait reçu 1.105 pensionnaires. Parmi eux, dix étaient devenus prêtres dans la Compagnie de Jésus, et six autres dans le clergé séculier (1); sept anciens élèves étaient entrés dans la Compagnie à titre de Frères, soixante-huit au séminaire, dont vingt-quatre encore présents, six dans la Congrégation des Catéchistes (2). Cent onze avaient aidé la Mission comme maîtres d'écoles ou catéchistes, cent cinquante-deux comme administrateurs de chrétientés. Enfin, trente-neuf avaient remporté le diplôme dans le difficile concours du baccalauréat ès-lettres.

COURS DE FRANÇAIS. — La tendance qui s'est accusée durant ces derniers temps chez les meilleurs esprits chinois vers les sciences d'Europe nous a engagés à ouvrir dans notre collège, à côté de l'en-

1. Depuis lors, ce chiffre a presque quadruplé et la Compagnie compte sept nouveaux prêtres, anciens élèves de Zi-ka-wei.

2. Nous parlerons plus loin de cette Société dont le siège est dans la ville chinoise de Chang-hai.

seignement indigène, quelques cours accessoires de français et de sciences européennes. A peine avions-nous proposé cette modification, que les plus en vue, les plus aisées de nos familles chrétiennes, celles-là même qui jusque-là avaient préféré pour leurs fils un instituteur particulier, nous confièrent leurs enfants avec un merveilleux entrain. C'est un signe du temps... Mais du coup, avec nos cent soixante élèves, nos bâtiments ne pouvaient plus suffire, et il nous faut encore construire ! Cette fois nous pourrons loger deux cent quarante internes. Mais que Dieu nous délivre des dettes que nous fait contracter cette nouvelle construction, en chantier au moment où je trace ces lignes.

Inaugurés en février de cette année, ces cours nouveaux ont été suivis avec ardeur par notre jeunesse progressiste, très en avance comme largeur d'idées sur la plupart des mandarins de l'empire. Les examens de juillet ont donné aux Supérieurs de la Mission les résultats les plus consolants, et les hauts encouragements de notre Ministre des affaires étrangères, qui a voulu fonder un prix au nom du Gouvernement français, nous ont confirmé l'opportunité de nos essais.

LA COMMUNAUTÉ. — Avant de quitter notre vaste clôture, un coup d'œil sur la résidence des religieux. Ils sont là prêtres, étudiants et coadjuteurs au nombre de soixante-douze ! Et parmi eux, pas un ne chôme, je vous l'assure : vingt prêtres s'occupant de l'enseignement, du ministère des âmes, de la composition de livres et de revues, de travaux scientifiques ; quinze autres faisant pieusement leur troisième année de probation, complément du premier noviciat ; neuf scolastiques employés au collège ; quinze autres, dont quatre prêtres, étudiants en théologie, et quatre autres encore complétant leurs études latines ; enfin treize Frères coadjuteurs, chargés de différents services et ateliers ; tels sont les éléments de cette nombreuse communauté. La nationalité française y domine, comme de juste dans une Mission française ; mais les fils d'Ignace ont le cœur large, et pas plus aujourd'hui qu'autrefois, les mélanges de nations diverses dans une même maison ne sont une cause de gêne ou de division. Qu'on en juge par ces chiffres : Zi-ka-wei compte 25 Jésuites chinois, 8 Portugais et Macaïstes, 3 Allemands, 2 Belges, 1 Hollandais, 1 Italien, 1 Suisse, 1 Américain ; hier, nous avions 1 Japonais, demain nous aurons 1 Espagnol, etc. Et avec cela, *cor unum et anima una !* Ajoutons aussi, une seule langue, la langue française, que tous ces étrangers ont le devoir d'apprendre et de parler dans leurs rapports avec leurs frères.

RÉSIDENCE. — On conçoit que pour loger un tel personnel, se contentât-il du régime cellulaire, il faut de vastes constructions. Et encore, si nous n'étions que soixante-douze ! Mais deux fois par an, à l'époque de la retraite annuelle, vers le mois de février et pendant les vacances, en juillet et en août, il faut faire place aux missionnaires nombreux qui viennent retremper leurs âmes et leurs corps dans la pieuse et paisible demeure de Zi-ka-wei. La famille religieuse s'est accrue au point que, depuis dix ans, il a fallu bifurquer et constituer à Ou-hou, centre du Ngan-hoei, un établissement similaire à l'usage des missionnaires du *Farwest*. Et cela n'a point encore suffi : depuis plus d'un an, de grands échafaudages dressés contre l'antique résidence attestent, en dépit des grèves qui nous éprouvent en Chine, comme ailleurs, que les missionnaires bâtissent encore et toujours.

NOS VISITEURS. — Hâtons-nous de quitter ces chantiers remplis de poussière, et de jeter en sortant de l'enclos un dernier regard sur l'église du P. Hélot, condamnée désormais. En face, et séparés de la résidence par une simple route, nous trouvons l'Observatoire et le Musée, une des *great attraction* des résidents de Chang-hai, et surtout des marins et voyageurs de toute dénomination qui touchent à cette ville. Bien divers sont ces visiteurs, souvent personnages illustres; ainsi, par exemple, en mai dernier, nos établissements scientifiques ont reçu, à quelques jours d'intervalle, la visite, courtoise et désirée, de M. Pichon, notre Ministre de France à Pé-king; la visite... très inattendue et non moins familière, du prince Henri de Prusse; enfin la visite solennelle et quelque peu grotesque du fameux vice-roi Tchang Tche-tong. Ce dernier voulait savoir, dix jours à l'avance, quel serait l'état de la mer pour sa traversée de Tien-tsin (1).

LE MUSÉE. — Ces deux maisons, Musée et Observatoire, ont été fondées par la Compagnie en 1871 (2) et sont connues du monde savant par les nombreuses et intéressantes publications qu'elles ont déjà fait paraître. Même avant cette époque, le P. Pierre Heude, notre naturaliste, avait parcouru l'intérieur des provinces chinoises (3); de ces courses lointaines il rapportait ample moisson de documents, descriptions et échantillons, sur la flore et la faune de la Chine. A côté de son herbier, le plus complet sans doute qui existe des productions de ces régions, venaient prendre place des représentants de tous les

1. Les *Relations de la Mission de Nan-king pour 1874-1875* donnent d'intéressants détails sur une visite de ce genre. On trouvera dans ce livre et dans les *Relations pour 1873-1874* de précieux récits sur les œuvres de la Mission à cette époque.

2. C'est à Nan-king, en 1871, que commencèrent officiellement, avec les PP. Heude et Colombel, ces deux œuvres, transférées en 1872 et en 1873 à Zi-ka-wei.

3. On peut lire dans l'ouvrage *le Kiang-nan en 1869*, du P. L. Pfister, plusieurs détails intéressants sur ces voyages scientifiques, ainsi que beaucoup d'autres sur les premières années de cette Mission.

genres du règne animal. L'écrivain compléta l'œuvre du voyageur; sa *Conchyliologie fluviale*, magnifiquement illustrée à Paris, et ses *Mémoires*, contenant de véritables trésors, par exemple sur les cervidés de l'Extrême-Orient, suffiraient à dédommager un savant ordinaire de ses fatigues. Grâce à Dieu, le P. Heude, comme du reste son célèbre collègue, celui-ci Lazariste, M. Armand David, a eu surtout le désir de concilier à ses Frères, religieux et missionnaires, A. M. D. G., l'influence honorable que donne la science. Son but n'a pas été manqué.

Un chasseur trépigne d'aise et d'envie quand il voit, rassemblée derrière les vitrines de notre Musée, une forêt de bois de toutes formes plantés sur des crânes de cerfs... Les échantillons les plus intéressants de cette collection unique au monde ont été reproduits, sous les yeux du P. Heude, par de jeunes dessinateurs chinois, et c'est sous le même contrôle que le jardinier du dit Père, tournant son tablier, se fait lithographe et tire les planches dressées par ses compatriotes. Cette petite officine domestico-scientifique est un des incidents de la visite qui attire le plus l'admiration des étrangers. Le texte des *Mémoires* a été imprimé, depuis le commencement de cette publication gr. in-4°, par les presses de *Tou-sé-wé*, dont nous reparlerons bientôt.

L'OBSERVATOIRE. — A côté du Musée, de son modeste jardin botanique et d'une enceinte destinée à l'étude des cerfs vivants, l'Observatoire disperse ses monuments et ses abris sur un jardin gazonné et fleuri. Les débuts de cet établissement, aujourd'hui connu du monde entier, furent des plus modestes. On y faisait chaque jour, de trois heures en trois heures, les mêmes observations météorologiques qui se font dans les observatoires d'Europe, et le météorographe du P. Secchi enregistrait les courbes intermédiaires reliant entre elles ces constatations directes. Un instrument magnétique, construit sur le modèle de celui de Kew (Londres), rendait un service analogue en traçant photographiquement les variations d'un autre ordre. Un *Bulletin* mensuel de ces observations commença dès lors à paraître. Le zèle actif et industrieux du P. Marc Dechevrens, qui succéda aux PP. Colombel et Le Lec comme directeur de l'Observatoire pendant cette première période, lui fit publier de nombreux Mémoires fort appréciés. Un service télégraphique fut installé entre Zi-ka-wei et Chang-hai, pour donner chaque jour l'heure de midi aux navires de ce port. Depuis, l'œuvre s'est considérablement accrue, sous la direction successive des PP. Stanislas Chevalier et Louis Froc; outre les bulletins météorologiques communiqués journellement aux journaux de Chang-hai, et renfermant une note très pratique sur l'état de la mer et sur ses probabilités, l'Observatoire est chargé de signaler au port tous les phénomènes intéressant la navigation dans nos parages d'Extrême-

Orient. Le code de ces signaux, accepté officiellement par sir Robert Hart, est, depuis le commencement de 1898, en usage dans tous les ports de Chine où se trouve l'administration des Douanes impériales.

SERVICES RENDUS. — On comprend que ce n'est pas avec les simples observations locales de Zi-ka-wei, que nos Pères peuvent assumer la responsabilité de pareils avis. Leurs renseignements leur viennent des points les plus divers : au moins deux fois par jour, à 10 heures et à 4 heures, ils reçoivent de quarante-deux stations (1) de la Mandchourie, de la Corée, du Japon et de Formose, des Philippines, de la Chine et de la Cochinchine, les observations qui leur permettent de dresser la carte météorologique de ces mers, et de signaler aux navigateurs la marche des redoutables typhons ou des tempêtes venues du nord. Que de fois des navires de guerre, avant de lever l'ancre, ont télégraphié à nos observateurs, pour leur demander s'ils pouvaient le faire avec sécurité. Le malheureux « Iltis » n'aurait point péri, si la paresse d'un employé chinois n'eût retardé l'envoi d'une de ces précieuses dépêches !

SYMPATHIES. — Ces services, rendus à la communauté étrangère de Chang-hai et à toutes les marines, nous ont concilié les sympathies de tous dans l'Extrême-Orient. Dernièrement même, ces bons sentiments ont revêtu une expression toute pratique, dans une généreuse subvention faite pour nous aider dans l'achat d'un instrument. Jamais, il faut l'avouer, la mère-patrie ne nous a accordé aucun subside pour nos œuvres, scientifiques ou autres : consuls, ministres, amiraux passent, félicitent, et c'est tout. Une fois seulement, le Conseil municipal français, jaloux d'établir sur son territoire le service du *Time-ball*, nous fit don des chronomètres et de la lunette méridienne nécessaires à la détermination du temps. C'était un humble acheminement vers des études astronomiques proprement dites.

ASTRONOMIE. — Dernièrement, nos Pères proposèrent aux deux administrations municipales de Chang-hai, française et anglo-améri-

1. Voici ces stations (Cf. article du *Cosmos*, n° du 8 avril 1899) : A. Chine, 17 stations : Kouldja, *Tien-tsin*, *Tche-fou*, *Si-ngan-fou*, *Tchong-king*, *I-tchang*, *Han-keou*, *Kieou-kiang*, *Tchen-kiang*, Gutzlaff, *Ning-po*, *Fou-tcheou*, *Ki-ngan*, *Amoy*, *Swatow*, *Hong-kong* et Macao. — B. Sibérie, 7 stations : Tomsk, Semipalatinsk, Irkoustk, Nicolaieffsk, Alexandrovsk, Korsakovsk et Wladivostock. — C. Corée, 2 stations : Chemulpo et Yuen-san. — D. Japon, 7 stations : Tokio, Kochi, Nagasaki, Kagoshima, Oshima (iles Golo), Naha (îles *Lieou-kieou*) et Ishigakijima (îles Meiaco). — E. Formose, 5 stations : Taihokou, Taitchou, Tainan, Kochun et Hocoto (Pescadores). — F. Philippines : Manille et Bolinao. — G. Indo-Chine : Cap Saint-Jacques et Tourane. — En outre, 32 autres stations envoient à la fin de chaque mois leur bulletin d'observations.

caine, de nous aider pour l'achat d'une lunette équatoriale; leur demande fut favorablement accueillie, et ces deux corps, auxquels les principales sociétés maritimes vinrent donner leur appoint, nous offrirent environ 30.000 francs. Cette belle somme représente, hélas! tout au plus le prix des objectifs de notre équatorial. Ah! s'il se trouvait, parmi nos compatriotes, un ami éclairé et généreux qui eût souci des sciences, et de l'influence indiscutable qu'elles nous gagnent, là-bas, à 4.000 lieues de la patrie... Nous ne demandons pas un second Bischoffsheim : cet Israélite généreux a fait à Nice trop beau et trop cher pour nous; mais enfin, nous avons de grands besoins, et la France ne fait, ne fera rien, que nous encourager.

Le magnifique instrument que vient de nous construire Gautier est en route pour la Chine avec sa coupole. Le P. Robert de Beaurepaire, ancien élève de l'École Polytechnique, qui doit l'utiliser, le précède de quelques jours à Zi-ka-wei, après avoir visité les principaux observatoires astronomiques de l'Europe. C'est un nouveau service qui commence, plein d'avenir, nous l'espérons, mais non moins besogneux (1).

ÉTUDES GÉOGRAPHIQUES. — Une dernière branche vient d'être inaugurée par l'activité de nos savants. En septembre 1897, le P. Stanislas Chevalier, abandonnant la direction de l'Observatoire à son ancien collègue, le P. Louis Froc, entreprenait, sur le fleuve Bleu, une longue et laborieuse étude hydrographique, prélude d'autres travaux géographiques du plus haut intérêt. Dans cette périlleuse pérégrination, pendant huit mois d'un travail acharné, notre cher voyageur, qui a remonté le fleuve jusqu'à Soei-fou, terminus extrême de la navigation, a préparé les éléments d'une carte au 25.000e, dont les premières feuilles vont paraître prochainement. Quand les soixante feuilles de cet atlas in-plano auront paru, le Père compte reprendre, dans notre province du Kiang-nan, les travaux de nos anciens Pères, vieux bientôt de deux siècles, et restés jusqu'ici le dernier mot de la géographie de la Chine.

UTILITÉ DES SCIENCES. — Je me suis attardé dans ce sanctuaire de la science... Qu'on me le pardonne; jadis il semblait de bon goût et d'un zèle louable de proscrire la science humaine chez les religieux, comme indigne de leur caractère. Ces temps sont passés, je le sais, et aujourd'hui les meilleurs esprits du catholicisme, à l'exemple de nos plus grands pontifes, encouragent ces moyens naturels, uniquement employés pour faciliter le succès des ministères apostoliques.

1. Au moment de mettre sous presse, nous apprenons que le P. de Beaurepaire, pour assurer davantage le succès de ses observations astronomiques, va établir son instrument sur la colline de Zo-sè.

Mais nous tenions à dire à nos bienfaiteurs qu'il n'y a jamais eu, qu'il n'y aura jamais abus de notre part en cette matière. Qu'on en juge par ces chiffres : sur 156 prêtres que comptait notre Mission au mois d'août dernier, trois seulement étaient exclusivement consacrés à ces travaux scientifiques. Ajoutons enfin que la même prudence préside à l'emploi des aumônes qui nous sont faites. En ce moment, les constructions trop légères qui abritaient jusqu'ici nos instruments, sorte de châlets économiques mais peu durables, doivent faire place à un établissement plus stable et plus vaste. Eh! bien, nous ne lui consacrerons que les aumônes qui lui seraient offertes à cette intention spéciale, tant nous craindrions de frustrer les intentions de nos donateurs (1).

ORPHELINAT DE TOU-SÉ-WÉ. — Il nous reste encore beaucoup à voir à Zi-ka-wei, et l'espace qui m'a été mesuré va devenir insuffisant, si je ne me hâte. Juste au sud de la résidence, à 600 mètres environ, jetons un rapide coup d'œil sur l'orphelinat de Tou-sé-wé. Ce sont des heures, cependant, qu'il faudrait lui consacrer ! Deux longs corps de bâtiments, composés d'un rez-de-chaussée et d'un étage, bordent parallèlement, de l'est à l'ouest, les vastes cours où les enfants prennent leur récréation.

ATELIERS DE CONSTRUCTION. — Entrons à droite. Voici les bureaux de notre Frère architecte, donnant sur la salle de ses dessinateurs. Plus loin nous traversons les ateliers des doreurs et des peintres vernisseurs. Un bâtiment annexe renferme une centaine de menuisiers qui, avec des moyens d'une prodigieuse simplicité, réalisent les travaux les plus parfaits de leur métier, tournent des chandeliers, montent des confessionnaux, élèvent des autels et de vastes rétables. Dans un coin, une douzaine de petits apprentis s'exercent en ce moment au dessin linéaire et d'ornement, complément de leur éducation professionnelle. Avançons : voici la salle des sculpteurs ; c'est ici que l'on fait les saints et les saintes, les lustres et tous les ornements destinés à la décoration de nos églises. Inutile de louer, les visiteurs le font assez pour nous.

CHAPELLE, ÉTUDE. — Au delà se trouve la chapelle, débordant vers le nord, toute coquette dans sa simplicité, toute en bois ; tout entière faite de la main de nos ouvriers. Plus loin enfin, au bout de l'interminable bâtiment, une grande étude pour les plus jeunes orphelins qui apprennent les prières et, à l'approche du visiteur, les braillent à tue-tête, suivant l'usage de ce peuple.

1. Se sont succédé, comme directeurs de l'Observatoire de Zi-ka-wei, les PP. Augustin Colombel (1873-1874), Henri Le Lec (1875-1876), Marc Dechevrens (1877-1887), Bernard Ooms (1888, 1891), Stanislas Chevalier (1889-1890, 1892-1897), Louis Froc (1898).

IMPRIMERIE. — En face, dans le bâtiment du midi, vous verrez les ateliers des petits tailleurs, des cordonniers, et surtout les ateliers et les dépôts de notre imprimerie. C'est là que se gardent les planches gravées de plusieurs centaines d'ouvrages chinois à l'usage de nos chrétiens ; là que s'impriment chaque mois notre *Messager du Sacré-Cœur*, et deux fois par semaine notre journal chinois, distribués l'un et l'autre à trois mille exemplaires. C'est là qu'a été composé le *Cursus litteraturae sinicae*, en cinq volumes in-8°, ouvrage qui met son auteur, le P. Zottoli, à la tête des sinologues européens, et n'est pourtant que le prélude d'une œuvre plus considérable du même écrivain, le grand dictionnaire académique. C'est là que continuent de paraître les *Mémoires* et les *Bulletins* dont je parlais plus haut, et encore les numéros successifs — on en compte quinze aujourd'hui — d'une série qui, sous le nom de *Variétés sinologiques* (2), donne au public des monographies que nos amis d'Europe, même les plus compétents, ont favorablement accueillies.

PEINTURE. — Le temps presse, montons vite à l'étage. Voici encore un atelier, celui-là silencieux, inondé de lumière : c'est celui de peinture. Peinture à l'eau, vingt enfants et plus enluminent les grandes images du P. Vasseur, tirées en noir par les brosseurs indigènes, images décoratives de chapelles, images explicatives du catéchisme, images pieuses pour les intérieurs de famille; en un mot, tout l'arsenal de l'imagerie religieuse adaptée à la Chine (1). Peinture à l'huile : une dizaine de jeunes gens peignent sans relâche, d'après des modèles européens, de beaux tableaux qui feront l'ornement de nos chapelles. Il y a presse dans les commandes, et si l'on veut être servi, il faut s'y

1. Inaugurée en 1892, cette publication a déjà fourni les quinze monographies suivantes : 1. *L'île de Tsong-ming*, par le P. H. Havret, 1892. — 2. *La Province du Ngan-hoei*, par le même, 1893. — 3. *Croix et Swastica en Chine*, par le P. L. Gaillard, 1893. — 4. *Le Canal impérial*, par le P. Dominique Gandar, 1894. — 5. *Pratique des examens littéraires en Chine*, par le P. Étienne Zi, 1894. — 6. *Le philosophe Tchou-hi*, par le P. Stanislas Le Gall, 1894. — 7. *La stèle chrétienne de Si-ngan-fou*, 1re partie, par le P. H. Havret, 1895. — 8. *Allusions littéraires*, 1er fascicule, par le P. Corentin Pétillon, 1895. — 9. *Pratique des examens militaires en Chine*, par le P. Ét. Zi, 1896. — 10. *Histoire du royaume de Ou*, par le P. Albert Tschepe, 1896. — 11. *Notions techniques sur la propriété en Chine*, par les PP. Pierre Hoang et Jérôme Tobar, 1897. — 12. *La stèle chrétienne de Si-ngan-fou*, 2e partie, par le P. H. Havret, 1897. — 13. *Allusions littéraires*, 2e fascicule, par le P. Cor. Pétillon, 1898. — 14. *Le mariage chinois*, par le P. Hoang, 1898. — 15. *Le commerce public du sel en Chine*, par le même, 1898. — La même année a vu s'ouvrir une seconde série, parallèle à celle des *Variétés sinologiques*, intitulée *Études sino-orientales*, réservée aux missionnaires étrangers à la Compagnie de Jésus; le premier numéro de cette publication est de M. Paul Vial, des Missions-Étrangères, et traite des peuplades *Lolos*, qu'il évangélise.

2. Le P. Adolphe Vasseur, revenu depuis en France pour y développer son œuvre de l'imagerie religieuse, a visé surtout à un art populaire : si ses académies laissent souvent à désirer, il faut du moins lui reconnaître une compréhension peu commune de l'art plus précieux de catéchiser.

prendre longtemps d'avance. La visite de cet atelier a impressionné plus d'un incrédule d'Europe. Je sais notamment tel grand tableau de l'enfer qui a fait réfléchir un visiteur se disant athée. — Toujours au premier étage, les vastes dortoirs des orphelins : pauvreté et propreté, tel est l'ornement de ces pièces et des autres dépendances qu'il nous faut renoncer à visiter.

ORIGINE DE L'ŒUVRE. — Un mot seulement, en terminant, sur la fondation de cet orphelinat modèle qui contenait, cette année, 139 garçons (1), après avoir connu des années de plus grande prospérité. C'est vers 1850, que Mgr Maresca établit, d'abord à Wang-dang, situé à trois lieues ouest de Zi-ka-wei, puis au bourg voisin de Tsai-kia-wan (vulg. Tsa-ka-wé), la première maison élevée au Kiang-nan des deniers de la Sainte-Enfance. Grande fut alors la réputation de cet établissement gouverné par le P. Giaquinto. Les lettrés n'avaient point eu encore le temps de semer, contre cette œuvre admirable, les horribles calomnies qu'ils ont accréditées depuis et qui ont sottement, non moins que fatalement, été acceptées par le peuple. On ignorait alors que les prêtres d'Europe arrachassent les yeux et le cœur des enfants qui leur étaient confiés, pour les envoyer en Europe ! Aussi, les pauvres petits abandonnés venaient-ils nombreux dans l'asile nouvellement ouvert, à la grande joie des pauvres du voisinage. On commençait à y imprimer des livres et à y faire divers travaux utiles, quand, le 16 août 1860, les rebelles « aux longs cheveux », passant par là pour se rendre à Chang-hai, percèrent de leurs lances le P. Louis Massa (2), directeur de cette maison. Ceux des orphelins qui ne purent s'enfuir, ou furent tués sur place, ou furent emmenés comme esclaves par la bande cruelle des Tchang-mao, qui bientôt consommèrent leur œuvre en incendiant l'orphelinat.

Pendant trois ans, les pauvres fugitifs et les nouveaux qu'on accueillit, durent se contenter, dans la ville de Chang-hai, d'un local trop étroit où bientôt l'infection fit d'horribles ravages. Ce n'est qu'en 1864 qu'on put transférer les survivants de ces scènes déplorables sur l'emplacement actuel de Tou-sé-wé. En 1888, cette maison avait déjà reçu 3.278 enfants (3).

1. Dans ce chiffre ne sont pas compris de nombreux ouvriers auxiliaires travaillant en divers ateliers.

2. La vie de ce martyr de la charité a été écrite en italien et en français, ainsi que celle de ses quatre frères, tous morts au Kiang-nan.

3. Les directeurs successifs de l'orphelinat ont été : à Tsa-ka-wé, les PP. François Giaquinto (1852-1858), Louis Massa (1859-1860) ; puis à Chang-hai, le P. Giaquinto (1861-1864); enfin, à Tou-sé-wé, les PP. Émile Chevreuil (1865-1870, 1873-1877, 1883-1892), Antoine Femiani (1871), Gabriel Palâtre (1872), Charles Sédille (1878), Mathieu Sen (Chen) (1879-1882, 1895-1898), Louis Gaillard (1893-1894).

LE CARMEL. — A l'est de la grande porte d'entrée de l'orphelinat, et séparée d'elle par un canal très vivant que traverse un pont de bois, vous verrez se dresser encore une chapelle, qu'avoisine une haute et grande maison aux lignes graves. C'est un Carmel. Là, prient, jour et nuit, pour nous et pour la pauvre Chine, vingt-cinq filles de Sainte Thérèse, dont seize sont indigènes. C'est notre ancien Évêque, Mgr Languillat, qui dota notre Mission de cette sainte maison. Les premières fondatrices, détachées du monastère de Laval, arrivèrent en Chine le 3 février 1869; elles habitèrent pendant quelque temps la petite chrétienté de Wang-ka-dang, distante d'un ou deux kilomètres; puis, le 8 décembre 1874, elles prirent possession de leur nouveau monastère, dédié au glorieux Saint Joseph.

Un jour que je conduisais un officier français visiter l'orphelinat, il me montra ces murs : « Qu'est-ce que cela, mon Père? — Un Carmel, commandant. — Et que font-elles là? — Elles prient pour nous... » Je vis que cela n'entrait pas : la pensée de vierges françaises quittant tout pour se donner à un tel peuple le révoltait. « Est-ce qu'elles ne pouvaient pas aussi bien prier en Europe? — Non, lui dis-je, le sacrifice ajoute au mérite de la prière; c'est leur double apostolat, comme nous avons le nôtre... Et vous voudriez qu'elles fussent moins généreuses que des hommes... » Ce brave marin me serra la main. — Puissent ces lignes inspirer au moins une vocation au Carmel de Tousé-wé; je puis presque promettre à la lectrice qui se montrerait ainsi fidèle à la grâce, la faveur de la longévité. Qu'on en juge : de nos sept fondatrices, arrivées en Chine à un âge déjà mûr, trois seulement, — c'est trop hélas! — nous ont quitté pour un monde meilleur; celle qui s'éteignit la première allait compter vingt-cinq ans de Chine. Qui donc voudra les remplacer?

LES AUXILIATRICES. — Les Carmélites avaient été précédées chez nous, de deux années, par des religieuses Auxiliatrices des âmes du Purgatoire, invitées par le même prélat. Deux d'entre elles arrivaient à Chang-hai le 5 décembre 1867 et prenaient bientôt possession de la maison de Wang-ka-dang, puis, le 1er février 1869, leur communauté était transférée en face de notre résidence de Zi-ka-wei, sur la même rive du canal que le Carmel. Le Seng-mou-yeu (enclos de la Sainte-Mère), c'est le nom de ce nouvel établissement, est devenu, avec le temps, une vraie petite ville, dont la population totale s'élevait cette année à 624 personnes. Tous les âges s'y rencontrent, depuis l'orpheline au berceau que l'on vient d'apporter pour l'abandonner aux *mou-mou* (mères), jusqu'à la nonagénaire, doyenne d'âge du département des vieilles. Je n'ai que le temps d'énumérer brièvement les catégories de ce vaste personnel. Les religieuses Auxiliatrices sont là une trentaine environ, la plupart indigènes. Outre leur propre noviciat, elles dirigent celui d'une Congrégation chinoise, dite de la Présentation. Un mot sur ces religieuses indigènes, dont l'origine est antérieure à l'arrivée des Auxiliatrices.

ORIGINE DU SENG-MOU-YEU. — En 1854, le P. Louis Sica, chargé de la chrétienté de Hoang-tang (vulgairement Wang-dang) déjà souvent nommée, réfléchissant aux grands fruits que l'on retirerait d'une maison spéciale de formation religieuse pour les vierges chrétiennes, demanda à ses Supérieurs et obtint d'eux la permission d'en réunir un certain nombre dans les bâtiments de cette chrétienté, occupés naguère par le séminaire. C'est au mois de mars 1855, en la fête de la Compassion de la Sainte-Vierge, que Mgr Maresca admit les premières vierges dans cette Société qui portait dès lors le nom de la Présentation de la Sainte-Vierge. De tout temps, nos familles chrétiennes se sont fait un honneur de compter dans leur sein une enfant ayant consacré à Dieu sa virginité; mais, jusque-là, la Mission retirait peu de fruits, pour l'apostolat, de ces dévouements individuels. Outre le lien, la direction, il manquait à ces âmes de bonne volonté, mais grossières encore, la perfection des vertus qui ne s'apprend guère en dehors d'un noviciat. La nouvelle institution pourvut à ces lacunes, et bientôt la petite famille s'augmenta de nouvelles recrues. Bientôt elle admit, à titre de pensionnaires, des jeunes filles qu'elle formait à la vie chrétienne : ce fut la première œuvre de nos Présentandines. En 1860, la rébellion les força de quitter Wang-dang et de se disperser; la plupart se transportèrent au faubourg de Tong-kia-tou, que nous retrouverons bientôt, et y demeurèrent jusqu'en 1864, époque à laquelle elles prirent possession, avec leurs élèves, de la maison de Wang-ka-dang, élevée à leur intention. C'est là que, quatre ans plus tard, les Auxiliatrices vinrent les rejoindre et prirent en main la direction des vierges de la Présentation. Cette association prit dès lors une forme plus définitive et un nouvel essor : en 1869, 35 vierges chinoises furent admises à son noviciat et 13 d'entre elles, après quelques mois, passaient au noviciat des religieuses Auxiliatrices.

LES PRÉSENTANDINES. — Cette année 1898, le noviciat de la Présentation a compté 24 novices. Le temps de la formation est de deux années au moins, et, d'ordinaire, une troisième année d'épreuve est demandée aux candidates dans les ministères ordinaires de la Société avant l'admission. Celle-ci se fait sans vœux, par une simple promesse. Nous comptons aujourd'hui 90 de ces très utiles auxiliaires, répandues sur toute la surface de la Mission, où elles tiennent, à la satisfaction de tous, plus de vingt postes, les plus importants, les plus délicats, depuis la plaine de Chang-hai jusqu'aux vallées lointaines de Ngan-hoei. La rare générosité de ces filles, qui, sans être tenues par le vœu d'obéissance, sont prêtes, au premier signe du Supérieur, à affronter de pénibles voyages et à mener toute une année une vie mortifiée au milieu de contrées païennes, est par elle-même un éloquent apostolat que complète bientôt la vue de leur modestie et de leur charité. Ce sont ces vierges chinoises qui, à Tsong-ming, à Yang-tcheou, à Hoai-ngan, à Kao-yeou, à Tchen-kiang, à Nan-king, à Ngan-king, deviennent les mères de tout notre petit peuple d'orphelines; ce sont elles qui, au Pou-tong, au Pou-nan, à Song-kiang, à Ning-kouo-fou, à Choei-tong, dirigent nos principaux pensionnats de jeunes filles; elles aussi, qui dans le Siu-tcheou-fou comme dans le Tche-tcheou-fou, à Ou-hou comme à Siu-kia-kiao ou à Lou-ngan, dans les montagnes de Ho-chan comme dans celles de Yng-chan, se font les institutrices zélées de nos catéchumènes. Ajoutons à ces fonctions celles de baptiseuses, d'exhortatrices, au besoin excurrentes, de lingères de nos sacristies, etc., et vous aurez une idée assez exacte du bien que produisent ces filles dévouées.

Nous n'avons qu'un regret au sujet de nos Présentandines... C'est qu'elles ne soient pas plus nombreuses! *Rogate ergo Dominum messis*; car, dans les desseins providentiels de Dieu, c'est seulement par la femme, que la femme pourra être atteinte dans ces contrées païennes...

LE PENSIONNAT. — Une autre œuvre du Sen-mou-yeu, la seconde comme importance, est le pensionnat, avec son annexe, l'école de médecine. Cette année, ces deux écoles comptaient respectivement 112 et 11 élèves, ayant de dix à trente ans. La presque totalité de nos pensionnaires a en vue l'état de virginité; c'est là surtout que germent les vocations religieuses. Celles qui rentrent chez elles nous fournissent dans la suite nos meilleures maîtresses d'école, pour les nombreux externats qui couvrent la Mission; quant à celles qui se sont exercées à l'étude pratique de « la médecine des enfants », elles deviennent les baptiseuses de la Sainte-Enfance : les 34.295 baptêmes d'enfants d'infidèles baptisés à domicile, dans cette dernière année, leur sont dus en grande partie (1).

L'ORPHELINAT DES FILLES. — Un autre département du Seng-mou-yeu, plus nombreux que les précédents, plus admiré encore et mieux compris des visiteurs étrangers, est l'orphelinat des filles : 195 orphelines de tout âge s'y trouvaient réunies cette année, réparties entre la crèche, les salles d'asile, les écoles, les ouvroirs. Que de fois,

1. La statistique de 1888 donnait le chiffre de 853 élèves ayant jusque-là reçu l'éducation au pensionnat de Seng-mou-yeu.

en conduisant des mandarins chinois visiter ce temple de la charité chrétienne, je les ai entendus s'écrier naïvement : « Que c'est propre ! que c'est propre ! » Le compliment est mérité; mais hélas ! que ne voient-ils là une beauté d'ordre plus relevé, dont Dieu seul peut être l'auteur. De 1869 à 1888, l'orphelinat du Seng-mou-yeu avait reçu 5.170 enfants, dont 270 avaient été adoptées par des familles chrétiennes et 41 autres données en mariage. Comme ailleurs, la plupart étaient mortes en bas âge.

ŒUVRES DIVERSES. — L'Œuvre des catéchumènes n'a pas été oubliée dans ce vaste asile de toutes les misères physiques et morales. Cette année, 28 filles ou femmes y ont reçu l'instruction. Ajoutez une école de sourds-muets comptant 14 élèves ; un asile, fondé en 1892, pour les vieilles femmes chrétiennes, avec 43 sujets ayant un minimum d'âge de soixante ans ; enfin un dispensaire toujours ouvert, additionnant, pour cette année, 8.323 consultations gratuites. Telles sont, brièvement indiquées, les œuvres qui se font dans « l'enclos de la Sainte-Mère ».

PÈLERINAGES PAÏENS. — A quelques kilomètres sud-est de Zi-ka-wei, se dresse une tour bouddhique, bien connue de tous les résidents européens de Chang-hai, sous le nom de Long-hoa (vulgairement Long-fo), « Fleur du dragon ». Le monastère de bonzes et le temple qui s'étale à ses pieds sont depuis longtemps le but d'un pèlerinage fameux. C'est là que les dévots, non seulement de Chang-hai, mais de la grande plaine, vont faire leurs dévotions ou accomplir leurs vœux. Le territoire de notre Mission possède encore deux sanctuaires païens célèbres : l'un, au nord-est de Chang-hai, sur la rive gauche du fleuve, appartenant comme le premier au culte bouddhique, étage ses monuments sur les pentes de Lang-chan, « Mont-Loup » ; l'autre, du culte taoïste, est situé dans le Ngan-hoei, non loin de la sous-préfecture de Tsing-yang, sur la montagne pittoresque de Kieou-hoa-chan, « des neuf fleurs », où se rend de très loin, même des provinces voisines, une foule de visiteurs, la plupart pénitents.

Il eût été dur à nos chrétiens, témoins de ces pèlerinages païens, de ne point trouver dans notre sainte religion des ressources analogues pour protester de leur foi. La Providence a pourvu à ce besoin de nos fidèles très opportunément et en dehors de tout calcul humain. On verra bientôt, en effet, comment ont été fondés les pèlerinages de Zo-sè, de Choei-tong et de Mou-yeou-tang, opposés à ceux de Long-hoa, de Kieou-hoa-chan et de Lang-chan, et dédiés tous les trois à Notre-Dame Auxiliatrice.

CHAPITRE V

CHANG-HAI

CHANG-HAI. — Laissons désormais Zi-ka-wei et tournons nos regards vers la grande ville de Chang-hai avec ses quatre paroisses.

REVENDICATIONS. — A peine le P. Mathurin Lemaitre était-il arrivé d'Europe, 30 août 1846, que Mgr de Besi se servit de lui pour obtenir des mandarins, en vertu du traité passé récemment entre la France et la Chine, la restitution de l'église et des maisons de Chang-hai ayant appartenu, au dernier siècle, aux Pères de la Compagnie. Ces bâtiments étaient situés à l'intérieur de la ville murée et portaient encore vulgairement le nom de Tien-tchou-tang (vulgairement Tié-tsu-dang), « Maison, temple du Seigneur du Ciel ». Le P. Lemaître se prêta volontiers à cette mission et, à défaut de représentant de la France, aidé des consuls d'Angleterre et de Danemark, MM. Balfour et Calder, il se rendit chez le magistrat principal de la cité, demandant avec fermeté la remise de la dite église. Le Tao-tai « Intendant », rejeta d'abord sa requête, sous le prétexte que l'église catholique avait été, au siècle précédent, convertie en pagode. En effet, en 1734, lors de la persécution générale de Yong-tchen, elle avait été confisquée, puis dédiée au dieu de la guerre, Koan-ti, et, vers 1833, sous l'empereur Tao-koang, elle avait été de nouveau réparée pour le même usage. L'affaire entraîna des pourparlers qui durèrent plusieurs mois. Enfin, en février 1847, le mandarin nous donna, comme compensation de notre ancien immeuble, trois terrains dont l'un était situé à l'extrémité sud du faubourg séparant la ville de la rivière Hoang-pou (vulgairement Wang-pou), au lieu dit Tong-kia-tou (vulgairement Tong-ka-dou) ; le second en dehors de la porte du nord; le troisième à l'intérieur de la ville, dans la partie ouest, au lieu dit Za-bi-long. En nous concédant ces terrains, dépourvus alors de valeur et situés dans des quartiers déserts et sans commerce, le magistrat chinois ne prévoyait évidemment point l'avenir.

CATHÉDRALE DE TONG-KA-DOU. — Mis en possession de ces terrains, Mgr de Bési, dont la résidence avait été jusque-là à Mong-tsié, modeste chrétienté du Pou-tong, conçut le dessein d'élever sur l'un d'eux une cathédrale digne de ce nom, qui attestât aux païens que le christianisme avait enfin conquis droit de cité. L'emplacement de *Tong-kia-tou* fut choisi pour ce grand travail. Le Fr. Nicolas Massa traça les plans de l'édifice; il choisit un style grec, d'ordre ionique; ils ne purent malheureusement, faute d'argent, être exactement observés, et l'on dut un jour couronner l'édifice de sa toiture bien avant que les murs fussent à la hauteur marquée par l'architecte. C'est le 21 novembre 1847, en présence d'une multitude immense de païens, que Mgr de Bési bénit la première pierre de cet édifice dédié à Saint François-Xavier. Le même jour, le prélat s'embarquait pour l'Europe. Ce n'est que le 20 mars 1853, le jour des Rameaux, que son successeur, Mgr Maresca, bénit en grande pompe la cathédrale de Tong-kia-tou. Outre le consul de France, assisté de son interprète, M. Kleckowski, bon nombre d'Européens assistèrent à cette solennité. Les chrétiens y étaient accourus en grand nombre; les païens, plus nombreux encore, inspiraient quelque crainte, à raison des circonstances. Le commandant de Plas, du « Cassini » (1), empêché de mouiller juste en face de l'église, envoya aux Pères son canot et quelques marins en armes pour nous assister s'il en était besoin. Mais, grâce à Dieu, la cérémonie se passa sans incident.

PROVIDENCE. — Cette église, incomplète pourtant, avait été en chantier cinq longues années; ces lenteurs étaient dues au manque de ressources, et cependant, malgré les générosités de nos chrétiens, malgré les aumônes qui nous vinrent d'Europe, notamment de la comtesse Estève, les comptes de cette construction se balancèrent par un énorme déficit. Heureusement Dieu veillait sur nous; ce même terrain de Tong-kia-tou, cause innocente de notre ruine, allait lui-même répondre de nos dettes. Les alluvions, dont l'augmentait tous les ans le Hoang-pou, nous permirent bientôt d'élever, à côté de la cathédrale et de la résidence épiscopale, des maisons que nous louâmes à des commerçants chinois. Des chrétiens, en grand nombre, accourus de l'intérieur pour échapper aux incursions des Tchang-mao, vinrent se ranger à l'ombre de la nouvelle église et formèrent une florissante paroisse. La plupart étaient gens de barque; ils amarrèrent leurs jonques au quai de Tong-kia-tou, qui jouit depuis lors d'un commerce prospère. Dieu bénit aussi nos chrétiens, dont un grand nombre gagna une honnête aisance dans les traversées maritimes, entre Chang-hai et les ports du nord.

1. Plus tard Jésuite. Voir sa vie, écrite par le P. Mercier, sous le titre *Marin et Jésuite*, chez Retaux, et par l'abbé Profillet, à Paris, chez Téqui. — Un de ses lieutenants, Alexis Clerc, plus tard Jésuite et otage de la Commune, assistait aussi à cette cérémonie. Sa vie a été écrite par le P. Charles Daniel.

LA PAROISSE. — Cette paroisse modèle compte, cette année, 2.488 chrétiens. Les œuvres les plus dignes d'être signalées, parmi celles qu'y dirigent nos Pères, sont : le grand et le petit séminaire, 18 et 11 élèves (1) ; un hôpital pour les pauvres, reçus : 90 chrétiens, 987 païens dont 186 sont morts et 178 d'entre eux baptisés ; un hospice pour les vieillards chrétiens, 25 ; une Conférence de Saint-Vincent de Paul, 17 membres.

HOPITAL DES PAUVRES. — Un mot en passant sur cet « hôpital pour les pauvres ». Ceux de nos bienfaiteurs qui ont entre les mains le « Tableau général des œuvres de la Mission » pour cette dernière année, peuvent voir que 907 adultes ont été baptisés à l'article de la mort ; or c'est surtout à de pareils hospices qu'est dû un si consolant résultat. Sans doute mieux vaudrait, en vue de l'avenir, la conversion d'un chef de famille entouré, influent, que celle d'un pauvre hère dont la mort est connue de Dieu seul ; mais, pour celui qui glane des âmes, nul épi, nul grain n'est à perdre, et c'est ce qui nous a encouragés à élever, sur plusieurs points de la Mission, de semblables maisons, dont les frais d'entretien sont vraiment modiques, pour les résultats qu'ils procurent.

LE SÉMINAIRE. — L'histoire de notre séminaire (2) mérite bien aussi une mention. Lorsqu'en 1841, Mgr de Besi passa du Hou-pé au Kiang-nan, il songea à fonder, pour cette province et celle de Chan-tong, dont il était Vicaire apostolique, une maison d'éducation pour son futur clergé indigène; mais les difficultés de la guerre anglo-chinoise le laissaient perplexe sur l'endroit le plus propice à cette entreprise, lorsque l'annonce de trois de nos Pères lui arriva en juin 1842. Ils étaient aux îles Tchou-chan, qu'occupaient les Anglais vainqueurs ; le prélat envoya au-devant d'eux un courrier qui amena à Chang-hai deux d'entre eux, et laissa l'ordre au troisième, le P. Brueyre, de chercher un lieu propre à l'établissement d'un séminaire. Le Père échoua dans ses démarches, et, le 3 février 1843, passé lui-même au Kiang-nan, il reçut la direction de 23 jeunes aspirants du sanctuaire de treize à dix-huit ans ; 5 d'entre eux venaient du Chan-tong. Le village de Tchang-pou-kiao, situé au sud de Zo-sè, hébergea pendant quelques mois cette petite troupe ; c'est là que, le 7 mai 1843, fut établie l'Archiconfrérie du

1. Outre ces 11 petits séminaristes, le collège de Zi-ka-wei et d'autres pensionnats comptent plusieurs latinistes, espoir de l'avenir. Zi-ka-wei seul en a 33.

2. Nous empruntons au compte-rendu annuel de nos Pères du Tché-li les renseignements suivants, qui sont vrais aussi au Kiang-nan : L'entretien annuel d'un séminariste ou d'un élève-catéchiste, instruction, vêtement, nourriture compris, est d'environ 200 francs.

Cœur immaculé de Marie. Dès le mois de juillet, nos étudiants durent émigrer à Hoang-tang (vulg. Wang-dang), se rapprochant ainsi de Chang-hai. Mais là, les habitations étaient malsaines, les communications avec Chang-hai et l'Évêque encore trop lentes. En 1850, le séminaire fut transporté à Tchang-kia-leou (vulg. Tsang-ka-leu), à quelques kilomètres à peine de l'est de Tong-kia-tou. En 1853, les grands séminaristes, jusque-là mêlés aux petits, laissèrent ces derniers à la campagne et vinrent continuer leurs études auprès de la cathédrale. Tchang-kia-leou ne perdit les petits séminaristes qu'à dater de 1857. Depuis lors, de nombreux changements de domicile ont été faits, entre Tong-kia-tou et Zi-ka-wei, par nos jeunes latinistes et nos graves théologiens... Mais le détail de ces pérégrinations, commandées par les circonstances, intéresserait peu mes lecteurs (1). Disons seulement que notre séminaire a fourni à la Mission des prêtres instruits et zélés, parmi lesquels le vénérable P. Pierre Hoang, bien connu des sinologues européens, me permettra de lui donner une mention spéciale (2).

PAROISSE ET PROCURE DE YANG-KING-PANG. — Après la guerre faite par les Anglais à la Chine, le port de Chang-hai avait été ouvert, le 17 novembre 1843, au commerce européen. De vastes terrains situés le long du Hoang-pou, en dehors de la porte du nord de Chang-hai, étaient accordés à l'Angleterre, puis, en avril 1849, à la France, comme Concessions, pour que leurs nationaux y pussent librement habiter et trafiquer (3). Le second emplacement que nous avait assigné le Taotai se trouvait justement sur la Concession française ; vers 1850, on y

1. Après le P. Benjamin Brueyre, le séminaire de Wang-dang, de 1848 à 1850, eut comme Directeur le P. Alex. Rose. En 1851, le séminaire transféré à Tsang-ka-leu avait pour Supérieur le P. Claude Gotteland, nommé Recteur en 1853; deux ans après, transfert du grand séminaire à Tong-ka-dou. En 1857, cette maison est sous la direction du P. André Borgniet, Provicaire. En 1858, nous y trouvons pour Vice-recteur le P. Benjamin Brueyre. En 1860, on y installe le cours de théologie de nos scolastiques, et le P. Lemaître, Supérieur général de la Mission, cumule la direction de cet établissement, avec le P. Ravary comme Ministre. En 1862, nous retrouvons un Vice-recteur, le P. Pingrenon. De nouveau en 1864, présence du Supérieur général, le P. Joseph Gonnet, avec un Ministre, le P. François Adinolfi. En 1865, le P. Pierre Olive est Vice-recteur. En 1867, le P. della Corte, Supérieur général, cumule les fonctions de Vice-recteur. Deux ans après, ce titre est dévolu au P. Jean Loriquet, remplacé en 1872 par le P. Bulté. Enfin, en 1873, tous les scolastiques de la Compagnie, juvénistes, philosophes et théologiens passaient à Zi-ka-wei, qui devenait définitivement leur maison d'études. Les PP. Loriquet, Bulté et della Corte (1879-1893) furent les derniers Supérieurs proprement dits de la maison de Tong-ka-dou. Les PP. Charles Sédille (1894-1897) et Louis Chauvin (1898) leur ont succédé comme Ministres.

2. Ce Père a dressé, en 1896, la liste des 59 prêtres qui ont été formés dans notre séminaire pendant ce demi-siècle.

3. Aux PP. Brouillon et Lemaître, premiers missionnaires de la « cité européenne » de Chang-hai, succéda en 1857 le P. Marin Desjacques, qui resta jusqu'en 1882. Mentionnons aussi les PP. Jean Loriquet (1862), Nic. Massa (1863) et Hipp. Basuiau qui,

bâtit une petite chapelle pour le service des rares catholiques chinois ou étrangers qui habitaient aux environs ; bientôt on y adjoignit quelques chambres d'habitation pour un missionnaire. Telles sont les origines de notre procure. Le nombre des paroissiens augmentant, il fallut songer à construire une véritable église dans ce quartier, dit de Yang-king-pang, du nom d'un canal qui le limite au nord. Les fondements de cet édifice, dédié à saint Joseph, fidèle patron des Procureurs, furent jetés à la fin de 1859; le 15 avril suivant, le général de Montauban assistait à la bénédiction de la première pierre de l'église, dont le P. Hélot dirigea la construction, et le 15 août 1862, le monument fut béni solennellement par Mgr Languillat. La population de cette chrétienté est mixte et s'élève à 1.238 âmes. Hélas ! il faut l'avouer, si la partie chinoise nous donne de véritables consolations pour la ferveur dont elle fait preuve au milieu de la Babylone d'Orient, nous ne pouvons en dire autant de l'élément européen de la paroisse : la faiblesse, sous la double forme du vice et du respect humain, l'éloigne trop des sacrements.

ÉCOLE DE FRANÇAIS. — Une école municipale « de français », fondée par le Conseil municipal, a été confiée à notre direction et a eu cette année 175 élèves, dont 25 chrétiens. Elle a déjà fourni à nos compatriotes nombre d'interprètes et d'autres utiles auxiliaires.

A propos de cette institution, la lettre suivante, reçue en France dernièrement, donnera une juste idée de l'estime où nos chrétiens les plus intelligents commencent à tenir les sciences européennes, comme moyen de s'ouvrir une carrière lucrative. Je traduis littéralement du chinois cette curieuse missive, elle a pour auteur un de nos anciens paroissiens de Zi-ka-wei, père de famille âgé d'une trentaine d'années, employé comme compositeur dans une imprimerie anglaise de Chang-hai, mais ne sachant jusqu'ici, en fait de littérature occidentale, que les lettres de l'alphabet.

« A sa Révérence le Père spirituel *Hia* (Ha...), Supérieur de la maison de Zi-ka-wei, grand homme. Ne voyant plus votre majestueux visage, je ressens une soif d'amour très profonde. Je pense que certainement la grâce du Seigneur vous a spécialement enrichi, et que vos vertus méritoires font chaque jour de nouveaux progrès. Quant à (votre) noble infirmité, j'ai entendu M. *Choei* (le P. Sé...) dire que déjà elle s'est un peu améliorée, et que le boire et le manger peuvent entrer; aussi votre serviteur en a-t-il de la joie et de la consolation, le

depuis 1866 jusqu'à l'époque de sa mort (1886), fut Supérieur de la maison de Yang-king-pang, et joignit presque continuellement à cette charge celle de Procureur général de la Mission. Cette dernière charge a été depuis exercée par les PP. Em. Ferrand (1879-1894) et Ém. Rouxel (1895-1898).

moment de revoir votre majestueux visage n'étant certainement pas éloigné. J'espère donc que le grand homme reviendra sous peu au Royaume fleuri, c'est mon plus vif désir. J'entre respectueusement en matière. A l'école de français (du Conseil municipal) de Chang-hai, à partir de la seconde partie de cette année, il y a comme professeurs deux Frères Maristes (détachés) de la communauté de Hong-keou ; et on a permis aux Chinois mariés, possédant bien leur littérature propre, de suivre leurs cours sans aucune rétribution scolaire. Il y a déjà plusieurs dizaines d'étudiants admis dans ces conditions. Votre serviteur, lui aussi, désirerait étudier le français pendant trois ans ; mais si j'étudie le français pendant trois ans, ma famille, pendant trois ans, n'aura pas de sapèques pour passer ses jours. Aussi votre serviteur maintenant se prosterne et supplie le grand homme *de m'aider, de me sauver, de trouver pour moi un moyen* (1), ou bien s'adressant aux chrétiens d'Occident, de quêter pour moi une aumône, ou bien s'adressant à ses amis et à ses proches, de quêter pour moi une aumône. S'il peut obtenir ainsi la somme de 500 piastres (2), les vœux de votre serviteur seront comblés, son étude des livres sera assurée. Si votre serviteur, après avoir terminé l'étude du français, obtient une position lucrative, certainement il n'oubliera pas (ici un mot effacé, indice d'une promesse, trop compromettante peut-être)... n'oubliera pas le Seigneur du Ciel (Dieu) non plus que ceux qui l'auront sauvé. Je fais des prières spéciales et des vœux pour votre paix vertueuse. Votre serviteur, *Tchen Siué-tsiao*, qui vous salue cent fois. » Puis, plus bas, en français : « Compositeur, 27/9/98. » — Inutile de commenter ; j'ajouterai seulement que la onzième lune m'a apporté une seconde requête, confirmative de la première. Le quêteur chinois est inconfusible.

COUVENT DES AUXILIATRICES. — A deux pas de chez nous, s'élève le couvent européen des Auxiliatrices, abritant deux œuvres principales : l'Institution Saint-Joseph et l'École de la Providence. L'initiative de cet établissement est due à Mgr Languillat ; après avoir assuré à Zi-ka-wei l'avenir de nos vierges chinoises, il voulut que les Auxiliatrices donnassent aussi leurs soins aux jeunes filles des nations étrangères, nombreuses déjà sur les concessions de Chang-hai. Donc, au mois de mars 1871, deux religieuses prirent possession, en face de

1. Ce que j'ai traduit en italique est souligné dans le texte original par de petits cercles placés à droite des caractères, et dont le sens est celui-ci : « Veuillez redoubler d'attention ! Nous voici arrivés au point psychologique. » On le voit, le discours chinois ne manque ni d'exordes insinuantes, ni d'effets pathétiques, ni d'habiles péroraisons, ni même des ressources d'une ponctuation ou notation appropriée.

2. La piastre, dite américaine, usitée sur la côte de Chine, est une monnaie d'argent pesant un peu plus que nos pièces de 5 francs, mais ne valant guère aujourd'hui que 2 fr. 50 sur le marché de Chang-hai.

l'église Saint-Joseph, d'une vieille maison qui avait été affectée, en 1860, aux malades de l'armée française ; là, elles ouvrirent une école. Pendant plusieurs mois, à peine quelques élèves se présentèrent; puis Dieu bénit ces humbles débuts, et ce couvent s'acquit une juste réputation qui a été toujours grandissante. L'Institution Saint-Joseph, qui admet des pensionnaires et des externes, comptait cette année 234 élèves. On n'y reçoit que les enfants de bonnes familles, sans distinction de religion. L'École de la Providence a été créée pour les orphelines européennes et eurasiennes, c'est-à-dire de sang mêlé ; les jeunes filles de cette catégorie, au nombre de 107 cette année, sont presque exclusivement aux frais des religieuses, qui tâchent d'assurer ensuite leur avenir par d'honorables unions... Signalons encore une école externe pour les petites Chinoises de la paroisse, attachées à cette maison ; et encore un dispensaire très fréquenté par les indigènes. Toutes ces œuvres n'occupent pas moins de 30 à 40 religieuses Auxiliatrices, la plupart d'origine européenne. Inutile d'ajouter que les masures de 1871 ont été depuis longtemps remplacées par des constructions plus dignes de cette œuvre.

PAROISSE DE HONG-KEOU. — Suivez, vers le nord, la rive gauche du Hoang-pou, traversez les rues populeuses de la Concession anglaise, puis engagez-vous dans le quartier américain de Hong-keou, en vingt minutes vous arriverez à la paroisse du Sacré-Cœur, celle-là forte de 2.847 âmes, mixte aussi et composée en grande partie par la colonie portugaise ou macaïste qui habite ces parages. Là, comme ailleurs, on avait commencé très modestement l'exercice du culte ; la messe se disait dans une salle destinée à servir de dépôt de marchandises. Enfin, le 12 juin 1874, le Fr. Léon Mariot, notre architecte, commença les fondements d'une église qui fut bénite le 23 juin 1876 ; son vaisseau devient déjà trop étroit pour les nombreux fidèles, européens et chinois, qui se pressent aux offices. Une Conférence de Saint-Vincent de Paul, comptant 23 membres, et un Cercle catholique, fréquenté par 70 membres, ont leur local dans les dépendances de la cure (1). En outre, trois établissements importants, situés sur cette même Concession américaine, concourent à divers titres à l'apostolat général de l'immense cité.

LES HOPITAUX. — Le premier est un hôpital confié aux Sœurs de Saint-Vincent de Paul, au nombre de 29 dans cette seule maison. Ce

1. Les missionnaires suivants ont desservi cette paroisse : Les PP. Jean Twrdy (1875-1876, 1885), Jacques Orta (1877), Philippe Grillot (1878), Clément Couvreur (1879-1882), Marin Desjacques (1883), Prosper Paris (1886-1887), Jérôme Tobar (1888-1889), Julien van Dosselaere (1890-1894), Emile Ferrand (1895), J.-M. Louail (1896-1897), J.-B. Simon (1898).

chiffre ne paraîtra pas exagéré quand on saura à quels besoins ces saintes filles doivent faire face. Elles ont d'abord le soin d'un hôpital européen, où 932 malades ont été soignés dans le cours de l'année. Les administrateurs civils de cette maison, la plupart protestants et francs-maçons, ont plus d'une fois tenté, mais vainement, de remplacer les Sœurs françaises par des infirmières laïques, des *nurses*, qu'on ferait venir à grands frais d'Angleterre. A côté de cet hôpital aux exigences multiples, les Sœurs en ont ouvert un autre à leur compte, pour les Chinois païens pauvres; elles y ont reçu, cette année, 1.301 malades et, sur 244 qui sont morts, elles ont eu la consolation d'administrer 241 baptêmes. Enfin, au dispensaire, les mêmes Sœurs ont donné 78.365 consultations gratuites!

ÉCOLE SAINT-FRANÇOIS-XAVIER. — En face de l'église du Sacré-Cœur, se dresse l'école Saint-François-Xavier, confiée depuis trois ans aux Petits-Frères de Marie, et comptant cette année 420 élèves européens, indigènes et eurasiens, catholiques, protestants et païens, la plupart externes. Nous n'avons point le temps de retracer l'histoire de cette école dont les origines remontent à 1874. Placée d'abord auprès de l'église Saint-Joseph, elle fut transférée ensuite dans les bâtiments spéciaux qu'on venait, à grands frais, de lui préparer à Hong-keou (1). En présence des écoles protestantes et franc-maçonnes qui s'élevaient de tous côtés, et menaçaient de corrompre notre jeunesse catholique, ces dépenses étaient urgentes. D'autres âmes, du reste, en ont profité : nos petits Portugais ne sont point les seuls élèves qui fréquentent nos cours d'anglais et de sciences, ils ont des condisciples de toutes nations et un peu aussi de toutes religions, auxquels l'influence d'une éducation chrétienne ne peut être que très profitable.

EXTERNAT DE LA SAINTE-FAMILLE. — Mentionnons enfin, toujours sur la Concession américaine, un nouvel établissement d'instruction fondé en 1893 par les Auxiliatrices : l'externat de la Sainte-Famille, qui compta cette année 192 élèves européennes et 33 élèves chinoises. Cette maison, succursale de l'Institution Saint-Joseph, a été créée, il y a peu d'années, dans ce quartier, pour faciliter aux familles catholiques, portugaises en grande partie, l'envoi de leurs filles au couvent.

LAO-TIÉ-TSU-DANG. — Avant de quitter Chang-hai, il nous reste à signaler une quatrième paroisse, comptant 471 âmes, située dans la

1. Les Directeurs successifs de cette école, à partir de ce transfert, furent les PP. Basuiau (1885-1886), H. Moisant (1887-1890), J.-M. Louail (1891-1892, 1895), J. van Dosselaere (1893-1894).

ville murée, et connue sous le nom de *Lao-tien-tchou-tang* (vulgairement *Lao-tié-tsu-dang*), « Ancien temple du Seigneur du Ciel » (1).

On se souvient qu'en 1846, l'Intendant de Chang-hai avait refusé au P. Lemaître de lui restituer l'antique église de nos Pères, confisquée par le gouvernement chinois en 1734, et convertie depuis lors en pagode du dieu de la guerre. En 1861, les instances du général de Montauban et de notre consul eurent plus de succès. Mgr Borgniet, S. J., après avoir accommodé cette pagode aux usages du culte catholique, ouvrit tout auprès une école d'instruction moyenne, préparatoire à celle de Zi-ka-wei. Ce pensionnat, dit de Saint-Jean-Berchmans, comptait cette année 110 élèves. En outre, des salles spéciales, affectées au logement de catéchumènes adultes, ont reçu 45 hommes de cette catégorie. La discipline et l'enseignement étaient spécialement confiés aux Catéchistes religieux dont le noviciat se trouve dans la même maison.

CONGRÉGATION DES CATÉCHISTES. — Cette œuvre des Catéchistes, qui nous a toujours été tant à cœur, a été plus d'une fois, depuis l'origine de cette Mission, prise et reprise sous différentes formes. Cette même maison de Lao-tien-tchou-tang forma jadis, et non sans succès, pendant plusieurs années, sous le nom de Joséphistes, des catéchistes qu'aucun lien, aucun vœu n'enchaînaient. Plusieurs payèrent, par des services dévoués, les soins de leurs maîtres; mais la plupart, il faut le reconnaître, profitaient bientôt de leur liberté pour s'occuper uniquement de leurs propres intérêts. Dans le but d'obvier à cet inconvénient, Mgr Garnier conçut le projet d'instituer une congrégation religieuse appelée *Tchou-mou-hoei*, « de la Mère de Dieu », où les trois vœux de religion et une formation proportionnée viendraient au secours de cette instabilité inhérente au Chinois. Aujourd'hui, cette petite société, vieille déjà de quatorze années, ne compte encore que 24 membres. Souhaitons-leur la persévérance... Hélas! dans ces régions, il ne semble point que le beau rôle soit à l'homme, pour tout ce qui est abnégation, chasteté, docilité. De là, pour nous comme pour tous les autres missionnaires de la Chine, la difficulté de trouver cet auxiliaire qui centuplerait nos forces, le catéchiste parfait, ou du moins le catéchiste fidèle. Cette Œuvre, utile entre toutes, se recommande d'elle-même aux prières de nos bienfaiteurs.

Les bâtiments du Lao-tien-tchou-tang abritent encore un hôpital pour les pauvres; 27 chrétiens et 453 païens y ont été reçus cette

1. Au P. Antoine Femiani (1867-1870) succédèrent, dans le soin de cette paroisse, les PP. Ch. Sédille (1871-1874), Fr. Crouillère (1875), J. Loriquet (1877-1879), Alex. André (1880-1882), Dom. Gandar (1883), Moyse Riot (1884-1886), Vincent Marchi (1887-1898).

année; 74 d'entre ces derniers sont morts après avoir accepté le baptême : trois seulement nous ont échappé.

ŒUVRE DES VIEILLARDS. — Une dernière œuvre à signaler, bien chrétienne aussi celle-là, j'allais dire et non moins chinoise. Dans les cités populeuses de cet empire, les familles riches se plaisent à fonder des asiles pour les vieillards des deux sexes, et à les doter de revenus qu'administrent les notables du lieu. Excités par les conseils du P. Femiani, alors curé de la paroisse, nos chrétiens de Chang-hai imitèrent cet exemple, et, en 1867, fondèrent, auprès du Lao-tien-tchou-tang, un double hospice pour les vieux et les vieilles; leur chiffre est monté, pour cette seule année, à 150. Nous appelons de tous nos vœux le jour où les admirables Petites-Sœurs des pauvres viendront prendre de nos mains ce dépôt, et feront connaître à la Chine païenne qu'il existe une aumône plus précieuse que celle de l'argent.

Les quatre résidences de Chang-hai que nous venons de décrire absorbent un personnel de 16 prêtres, plus un Frère scolastique de la Compagnie et 8 Frères coadjuteurs; et les paroisses correspondantes comptent 7.044 chrétiens.

PROCUREURS DES MISSIONS. — La Congrégation des Missions-Étrangères, celles des Lazaristes et des Missionnaires belges de Scheutveld, enfin l'Ordre des Augustiniens espagnols, comptent chacun, à Chang-hai, un ou deux prêtres, pour y représenter, comme Procureurs, les intérêts matériels de leurs Missions.

PROTESTANTS A CHANG-HAI. — Nous ne quitterons pas Chang-hai, boulevard des agences protestantes en Chine, sans dire un mot de ces faux frères. Quelques chiffres tirés du *Chronicle and Directory* pour 1898 donneront à nos lecteurs une idée suffisante de l'envahissement de notre Mission par les prédicants protestants. Nous ne relevons avec ce livre que les missionnaires anglais et américains de l'un et de l'autre sexe, dont les noms sont cités comme représentants d'une secte ou d'une maison importante. Le nombre effectif des missionnaires protestants du Kiang-nan résidant à l'intérieur est, en réalité, bien supérieur aux chiffres ci-dessous, comme nous le montrerons tout à l'heure. A Chang-hai, le *Chronicle* cite : *Allgemeiner Evang. Protestant Missionarverein* et cite les noms de 3 Révérends; *American Baptist* (*Southern*) *Mission*, avec 3 Révérends mariés et 2 miss; *American Bible Society*, 4 Révérends; *American Episcopal Church Mission*, avec un évêque, un vénérable archidiacre, 3 Révérends, un docteur; plus, au collège Saint-Jones, 2 missionnaires professeurs et une miss; *Ameri-*

can Southern Presbyterian Mission, avec un couple; *British and Foreign Bible Society*, un Révérend et 3 collègues; *China Inland Mission* est inscrit avec 17 administrateurs et missionnaires, dont 2 mariés; *Chinese Tract Society*, avec 8 membres; *Church of England missionary Society*, avec 8 membres, dont un évêque; *Christian vernacular Society of Chang-hai*, avec 5 membres; *Church of our Saviour* compte 2 Révérends; *Educational Association of China* a 4 administrateurs; *Foreign Christian Mission Society* a 3 Révérends. Le service de *Holy Trinity Cathedral* compte 7 membres, dont un évêque; *Japonese Christian Mission*, un membre; *London Mission*, 5 membres; *Methodist Episcopal Church South U. S. A.*, 22 membres, dont 3 à Nai-ziang (district de Kia-ting), 2 à Song-kiang et 2 à Nai-zing (Tché-kiang); *Missionary Home et Agency*, un membre; *Presbyterian Church U. S. A. Mission*, 6 membres; *Seamens Mission*, 3 membres; *Seventh Day Baptist Mission*, 4 membres, dont un marié; *Society for the diffusion of Christian and general Knowledge among the Chinese*, 4 membres; *Union Church*, un membre; *Womens Union Mission*, 3 miss. Enfin deux Sociétés de tempérance, ayant à leur tête 5 dames ou demoiselles. En somme, pour la seule ville de Chang-hai, le *Chronicle* donne les noms de 145 missionnaires protestants de différentes dénominations, émargeant presque tous au riche budget de la charité biblique anglaise ou américaine.

AU KIANG-SOU. — Peu à peu ces ouvriers apostoliques de l'Église séparée se sont introduits sur nos traces dans les ports ouverts, puis dans les plus grandes cités, et enfin dans des bourgs importants, à l'intérieur de la province. Continuons, d'après la même source, notre énumération sèche, mais plus éloquente que bien des phrases. D'abord, dans le Kiang-sou, à Nan-king : *American Bible Society*, avec un représentant; *American Methodist Episcopal Mission*, 10 membres, dont 5 mariés; *American Presbyterian Mission*, 7 membres, dont 4 mariés; *Foreign Christian Missionary Society*, 7 membres, dont 3 mariés, et 2 autres, aussi mariés, à Tchou-tcheou (Ngan-hoei); *Society of Friends Mission*, 5 miss, dont une doctoresse en médecine. En tout, pour la capitale du Sud, 46 missionnaires nommés. A Tchen-kiang : *American Baptist Mission*, 5 membres, dont un marié, et un couple à Yang-tcheou; *American Southern Presbyterian*, 9 membres, dont 7 mariés; *China Inland Mission*, 3 membres, dont un marié, et 7 autres membres, dont un aussi marié, à Yang-tcheou; *National Bible Society of Scotland*, un membre. En tout, pour Tchen-kiang et Yang-tcheou, 36 missionnaires nommés. A Sou-tcheou : *American (North.) Presbyterian Mission*, 3 Révérends, dont un marié; *Amer. (South.) Presb. Mission*, 6 membres, dont 2 mariés; *American Southern Methodist Episcopal Mission*, 11 membres, dont 4 mariés. En tout, pour Sou-tcheou, 27 missionnaires nommés. Somme totale, pour les cinq villes sus-désignées du Kiang-sou, 254 membres.

AU NGAN-HOEI. — D'autre part, au Ngan-hoei, les protestants ont fait leur centre principal du port ouvert de Ou-hou. Voici quelques indications sur ce poste fournies par le *Chronicle* : *American Methodist Episcopal Church*, 3 membres, dont deux mariés; *Chinese Inland Mission*, un missionnaire marié et, à Ngan-king, 6 autres membres, dont 3 mariés; *Foreign Christian Missionary Society*, 2 missionnaires mariés; *International Missionary Alliance*, 26 membres, dont 3 mariés, et un à Han-chan-hien. En tout, pour Ou-hou et Ngan-king, 50 missionnaires nommés. Partout j'ai dit « missionnaires nommés ». C'est qu'en effet, en dehors de ces 304 missionnaires, hommes et femmes, portés au *Chronicle* avec indication de leur nom et de leur degré ou emploi spécial (évêque, archidiacre, chapelain, trésorier, secrétaire, organiste, professeur, docteur, président, vice-président, directeur, assistant, éditeur, simple Révérend, dame ou demoiselle), il existe dans notre double province un grand nombre d'autres missionnaires protestants : c'est ainsi, pour nous borner au *China Inland Mission*, que Ngan-king renferme une maison d'étude, sorte de scolasticat pour la formation des jeunes gens de cette Société; Yang-tcheou, naguère encore, en renfermait une pour les filles missionnaires du même Institut. Puis, il faudrait compter les missionnaires répandus dans les différentes villes et bourgs. Il y a sept ans, lorsque je quittai le Ngan-hoei, cette seule province en comptait plus de 20, principalement à Ning-kouo-fou, à Tche-tcheou-fou, à Hoei-tcheou-fou, à Lou-ngan-tcheou, Tchen-yang-koan, Tai-ho, Yng-tcheou-fou, etc., etc.

LEURS ŒUVRES. — On le voit, les protestants nous dépassent comme nombre, et il en est de même dans la plupart des autres vicariats apostoliques. Dans les villes, ils composent et impriment des bibles, des journaux, que leurs colporteurs indigènes, et eux-mêmes quelquefois, vendent ou donnent sur les rues. A ce premier moyen d'apostolat, ils ont joint avec succès, depuis quelques années, de coûteux hôpitaux où ils reçoivent les Chinois. A Pé-king, à Chang-hai, quelques membres plus influents, plus intrigants, des agences protestantes s'efforcent de monopoliser à leur profit l'instruction supérieure plus ou moins officielle des sciences européennes.

LEURS PROCÉDÉS. — Outre ces embryons d'Universités, les protestants ont ouvert, ici et là, quelques écoles internes, de caractère purement privé. Quant à l'apostolat direct de la prédication, surtout à l'intérieur, il est resté jusqu'ici l'apanage presque exclusif du *China Inland*

Mission, dont les membres, venus de toutes les sectes et de toutes les régions d'Europe et d'Amérique, sont pour nous des plus compromettants par les calomnies qu'ils débitent sur nos œuvres et nos personnes, par leur manque d'éducation habituel et par l'imprudence de leur faux zèle.

Depuis les derniers événements qui ont confirmé l'Angleterre dans la prétention de posséder à bref délai « la vallée du Yang-tse-kiang », les prédicants ne font plus mystère de ces vues ambitieuses, et les exploitent à leur profit comme un moyen d'apostolat. Voici, par exemple, ce que, dans les premiers jours de novembre 1898, m'écrivait un de nos missionnaires, Ministre du Tche-tcheou occidental : « Pour l'instant, j'ai maille à partir avec les protestants. Venus de King-té-tchen (Kiang-si), ils nous envahissent par Mou-ta-keou. Leurs injustes et audacieux procédés m'ont contraint de recourir au mandarin. Le chef du mouvement est en prison. Hier sont arrivés des indigènes au service de la secte, qui viennent prendre la défense des leurs. J'espère beaucoup de la justice évidente de notre cause, mais encore est-il qu'il faudra plaider. » Vers la même époque, la Section de Ning-kouo-fou rencontre les mêmes difficultés. Des ministres du *China Inland Mission* répandent partout le bruit que bientôt, la « vallée du Yang-tse-kiang », et dès lors la préfecture de Ning-kouo-fou, deviendra colonie anglaise; on fait valoir aux yeux des indigènes les avantages que trouveront auprès de Sa Gracieuse Majesté ceux qui auront les premiers embrassé sa foi. Naturellement, cette prédication ne va pas sans insinuations perfides contre « la religion des Français » ; on tâche même de suborner les chrétiens, et on se montre d'une largeur excessive pour « inscrire » sur les listes de la nouvelle église tous les vauriens qui veulent bien lui donner leurs noms. Ces premières escarmouches nous promettent de rudes combats pour l'avenir.

IMPRUDENCES. — J'ai dit plus haut que les ministres protestants devenaient pour nous dangereux par l'imprudence de leur faux zèle. Les exemples abondent; j'en choisis un des plus récents, remontant au mois de mai dernier. Ici encore je n'aurai qu'à citer : « Le zèle biblique des protestants a mis Ngan-king en révolution. Les Révérends ont voulu profiter de la présence de 20.000 lettrés qui s'y trouvent actuellement pour les examens, pour écouler leurs bibles et se faire une réclame près de leurs Sociétés d'Europe ou d'Amérique. Ils leur offrent leur marchandise et les forcent même à en prendre. Ceux-ci, mal disposés, insultent les Révérends, crachent sur leurs livres et en font un feu de joie; de là une bagarre qui aurait mal tourné sans l'arrivée de quelques soldats et du sous-préfet. Mais la haine de l'étranger s'était réveillée à cette occasion. Des placards incendiaires ont été partout affichés, englobant les catholiques dans la vengeance commune et menaçant de tout brûler le 8 de la quatrième lune. Le Père a pris les précautions d'usage, et l'on espère que l'effervescence se calmera peu à peu. Mais les protestants deviennent pour nous des voisins fort dangereux. » Les mandarins et la troupe ont été impuissants ; ils sont tous intervenus ; on les insulte et on les bouscule en leur criant : « Êtes-vous pour la Chine ou pour l'Europe ? Nos mandarins sont des inutiles et des lâches qui ne savent qu'être les serviteurs des diables d'Occident. » Ou encore : « Les Européens ne craignent pas les mandarins ; ils ne redoutent que les lettrés ; à ceux-ci de faire bonne justice. » Voilà ce que nous valent nos voisins « les vendeurs de livres », ainsi que les appellent les Chinois.

CHAPITRE VI

VIE DU MISSIONNAIRE

UN MONDE NOUVEAU. — Les mères qui me liront ne me pardonneraient point si, avant de les inviter à une visite rapide de notre Mission, je ne leur confiais ici les mystères intimes de la vie du missionnaire, leur fils peut-être, hier, aujourd'hui ou demain... Et je comprends que cette notion importe en effet à leur cœur, plus qu'une nomenclature de chiffres ou de noms chinois. Je vais donc satisfaire ce désir si légitime, esquissant à grands traits cette existence si différente de celle de nos dignes curés ou de nos religieux de France. La Chine est un monde nouveau ! Pour les détails, je renvoie à nos futures correspondances, auxquelles il faut bien réserver quelque chose.

TRAVERSÉE. — Nous sommes loin du temps où le voyage de Chine demandait deux années et éprouvait tellement les santés, qu'un tiers en moyenne des missionnaires passagers mouraient avant d'atteindre au terme de la traversée. Aujourd'hui on va vite et bien, trente à trente-deux jours suffisent aux navires des Messageries Maritimes, partis de Marseille, pour atteindre Chang-hai. Quant à la vie du bord, elle est plutôt confortable que pénitente. Et cette épreuve elle-même, que la mer a coutume d'infliger aux navigateurs débutants, est bien adoucie par la dimension de nos modernes paquebots : avec leurs 140 mètres de long, ils glissent sur la crête des lames sans en suivre les sinuosités ; désormais, le tangage est réduit à un minimum tel que chacun serait tenté de se croire du premier coup le pied marin. En résumé, un tel voyage ne fatigue pas, il fortifie plutôt, car avec la simple brise de vitesse, on est toujours assuré de respirer sur le pont un air pur et vif. Les escales sont à Port-Saïd, cité cosmopolite de peu d'intérêt ; Djibouti, vrai désert de sables ardents ; Colombo, aux délicieuses promenades ; Singapour, plein d'intérêt aussi, et pour nous tout spécialement attractif, ainsi que les escales de Saïgon et de Hong-kong, pour la grande charité avec laquelle nous accueillent au passage les Pères des Missions-Étrangères. Et nous touchons déjà à la terre promise : nous sommes à Chang-hai !

NOMS ET PRÉNOMS. — Le religieux de la Compagnie restant dans sa patrie garde le nom de ses ancêtres ; il ne l'ensevelit pas sous un nom de profession, comme cela se pratique chez plusieurs Ordres religieux d'hommes ou de femmes. En arrivant en Chine, le Jésuite doit quitter son nom, et c'est le premier dépouillement qu'on impose au nouvel arrivant ; il est vrai qu'il gagnera au change, car il aura trois noms pour deux : un nom de famille, *Sing*, et deux noms personnels, l'un ordinaire, *Ming*, l'autre de civilité, *Hao*. Il n'y a en Chine que « cent noms de famille », en théorie du moins, car en réalité, il y en a quatre cents et plus, ce qui donne encore la moyenne fort honnête d'un million d'habitants portant le nom du même clan. C'est un de ces noms que l'on choisit pour orner le nouveau missionnaire et nos anciens de s'ingénier à corriger l'arbitraire qui pourrait présider à ce choix. Supposons, par exemple, que vous ayez l'honneur de vous appeler Ha..., nom qui ne dit rien aux Chinois et qu'ils ne pourraient prononcer ; un lettré intelligent, profitant d'une vague assonance, choisira, pour vous en doter, dans le « Catalogue des cent noms », un caractère qui se prononce *Hia* (presque *Chia*), signifiant « Saison d'été, première dynastie chinoise, etc. ». C'est très distingué, paraît-il, et cela rappelle Ha... d'assez loin. Désormais, vous ne serez plus connu de vos compatriotes d'adoption que sous le nom de P. *Hia*. Il s'agit maintenant de vous donner un nom personnel, celui qui figurera sur vos cartes, dans vos lettres... C'est très simple ; redoublez cependant d'attention ; ici l'on procédera par voie d'allusion littéraire. Or on lit au *Che-king* (livre des poésies), antérieur à l'ère chrétienne, que, « en été le tonnerre gronde ». Du moment que l'on m'appelle « Été », rien de plus naturel et de plus raffiné que de me surnommer *Ming-lei* (grondement du tonnerre). Tel est le *Ming* dont je suis décoré depuis plus d'un quart de siècle. Ma carte portera donc : *Hia Ming-lei*. Abrégeons ; il nous faut encore un *Hao*, ce nom honorifique dont se servira avec nous un interlocuteur... Eh ! bien, là, grâce à Dieu, on s'est ressouvenu que j'étais chrétien, et on m'a appelé en deux caractères *Heng-li* (perpétuelle raison). C'est très flatteur, vous le voyez ; surtout quand on sait que ce vocable, tant soit peu prétentieux, a l'intention de reproduire mon nom de baptême Henri. Et voilà, mères chrétiennes, ce que deviendra le nom de votre fils, si Dieu lui fait un jour la grâce de nous rejoindre.

VÊTEMENT. — Passons à une autre question qui, pour être moins littéraire, n'en est pas moins compliquée. Ici encore, c'est un dépouillement qu'on exige : il nous faut quitter la soutane ; tous les missionnaires de la Chine se sont soumis à cet usage, qui date de Ricci et de ses compagnons. Au fond, je ne me plaindrais pas, nos tailleurs français ayant fait du vêtement ecclésiastique un vrai fourreau de pénitence, n'était la trop grande et indispensable abondance du costumier chinois, coûteux et encombrant... presque une corbeille de mariée. Parcourons les différentes pièces du trousseau et procédons, s'il vous plaît, avec ordre. La chemise européenne, elle-même sacrifiée, fait place à la chemisette chinoise dont l'exiguïté ridicule dans le sens de sa longueur est amplement compensée par l'exagération de sa largeur. Un caleçon de toile, fort large à la taille et aux jambes, forme le complément obligé de la susdite chemisette. En hiver, les moins frileux mettent volontiers sur leur chemise un gilet doublé, voire même ouaté; l'un et l'autre vêtement à la manche béante, jamais fermée de boutons. Un pantalon de toile bleue ou brune, à la coupe duquel le bon faiseur n'a rien à voir, car il ressemble assez à la culotte de nos zouaves, se serre à la ceinture par une bande de toile et aux chevilles par des cordons. Vos souliers, à moitié découverts, sont de drap noir, d'alpaga ou de soie, avec leur haute semelle de papier, de toile ou de fil de palmier. Un conseil en passant : choisissez bien vos chaussures, « comme pour vous », sans quoi vous vous exposez à de cruelles souffrances qui vous feront comprendre le supplice des pauvres femmes chinoises avec leurs petits pieds. Maintenant prenez votre robe; cinq boutons placés sur le côté droit vous suffiront à l'arrêter. Ceci est le morceau capital et vraiment génial du costume; ici, rien d'étriqué, point de courbes savantes ni d'artifices d'aucune sorte : c'est la toge aux larges plis, serrée aux reins par une ceinture et tombant jusqu'au coup de pied. Le malheur est que cette majesté orientale doit se payer assez chèrement. Ce noble costume, où tout est ample, même les manches, laisse tellement l'hypostase humaine exposée aux intempéries des saisons que les Chinois, malgré leur esprit d'économie, ont reconnu la nécessité de posséder toute une garde-robe; les chaleurs débilitantes de l'été imposent la robe en gaze blanche ou jaune; la saison qui précède et qui suit demande un tissu plus épais; puis viennent les robes doublées, les robes ouatées, les robes fourrées. Aux nouveaux arrivés, cet étalage paraît presque un luxe scandaleux. Eh! non, bientôt vous le saurez par expérience : nos anciens, qui aimaient autant que nous la pauvreté religieuse, ont mis plus de trente ans à discuter les pièces de ce trousseau; avec cela, notre conscience peut être en paix. Un collet droit ou rabattu, suivant la mode, d'ordinaire en soie ou en drap, se place sur la robe au moyen d'une double patte s'engageant, en avant et en arrière, sous la ceinture. Dernière pièce du vêtement : sur votre robe, enfilez une sorte de pardessus court, se boutonnant en son milieu, et aux manches vraiment pagodes. En hiver, portez-le doublé de peau ou ouaté; ayez-en un autre doublé; un autre encore en étoffe plus légère pour les jours chauds. Quand la canicule brûlera tout, déposez-le simplement. La couleur de ce pardessus est toujours bleu de roi. Quant à la robe, libre à vous de choisir vos nuances : le bleu et le gris sont plus généralement portés par les missionnaires.

TÊTE. — Il reste à vous coiffer. Nous avons, pour les besoins ordinaires de la vie, la calotte hémisphérique à six fuseaux, à peu près la casquette du jockey, sauf la couleur et surtout la visière, que les Chinois n'ont pas eu l'idée d'inventer depuis six mille ans ; aussi presque tous ont-ils des maux d'yeux. Rappelez-vous que vous ne devez jamais vous découvrir devant une personne honorable. Pendant les cérémonies de l'Église, et même quand il célèbre la sainte messe, le prêtre n'échappe pas à cette loi du respect : il porte sur la tête le *Tsi-king* « bonnet du sacrifice », sorte de tiare de soie noire brodée d'or, rappelant, par sa forme, la coiffure de la dynastie éteinte des Ming. Ce n'est pas sans raison que, de nos jours du moins, les Chinois entendent ainsi la politesse ; s'ils devaient enlever leur couvre-chef, ils exhiberaient un crâne qui n'a rien de gracieux, rasé comme il l'est, à l'exception d'une touffe laissée au sinciput. Ce sont ces tristes restes d'une chevelure abondante qui vont être bientôt tressés et dont la natte unique, terminée par une tresse en soie noire, formera, en retombant sur le dos du patient, le noble appendice désigné irrévérencieusement par les races européennes sous le nom de « queue », de « pigtail », etc.

CÉRÉMONIES. — Je n'apprendrai rien à mes lecteurs en leur disant que le peuple chinois est un peuple très poli à sa façon, éminemment cérémonieux. Ce n'est point un petit mérite pour ses missionnaires de se façonner aux mœurs formalistes de leur nouvelle patrie ; mais le missionnaire doit, pour gagner des âmes, subir cette nouvelle tyrannie, et il le fait joyeusement. C'est dans ce but apostolique qu'il se pliera au cérémonial chinois : S'agit-il d'accueillir des chrétiens ? Il s'astreindra à recevoir leurs protestations, parfois bien longues, bien ennuyeuses, mais toujours utiles pour conserver un prestige nécessaire à son autorité chez ce peuple de grands enfants. S'agit-il de traiter une affaire par lettre ou de vive voix ? Il se résignera avec patience aux mille lenteurs, aux détours, aux subterfuges, aux ruses dont le génie païen et oriental a su toujours user et abuser. S'agit-il de rendre visite à quelque mandarin ? Il faut revêtir la livrée spéciale de ces corvées honorifiques : bottes de cérémonie, habits de soie, chapeau évasé en tromblon pour l'hiver, arrondi en cloche à melon pour l'été, etc., etc. Ajoutons que, dans notre Mission, ces rapports avec les mandarins sont généralement réservés aux Ministres des Sections qui se transmettent, à cet effet, une garde-robe spéciale. Mais, passons vite, tout cela peut se lire dans des livres ou se retrouvera plus tard dans les lettres de nos missionnaires.

CLIMAT. — Notre Mission, située entre 113° et 119° de longitude Est de Paris, et par 29° à 35° de latitude Nord (c'est environ la latitude du Maroc), jouit en été d'un climat tropical. Les fortes et humides chaleurs qui y règnent, surtout pendant les mois de juillet et d'août, rendent fréquentes chez nous les fièvres intermittentes, les maladies de foie, l'anémie, tandis que la dysenterie, la fièvre typhoïde, les insolations sont nos plus habituels et violents ennemis. D'ordinaire, au Kiang-nan, les trois mois d'automne sont délicieux, c'est grâce à eux que nous pouvons réparer les pertes de l'implacable été. Puis vient l'hiver, peu rigoureux si l'on consulte le thermomètre, mais assez pénible avec son temps pluvieux, j'allais dire grincheux. Quant au printemps, je l'ai trouvé généralement dépourvu de poésie, à part de rares journées où je chevauchais sur le flanc des collines qu'inondaient de leurs riches tapis les azalées et les rhododendrons en fleurs.

DONNÉES MÉTÉOROLOGIQUES. — Le tableau suivant, emprunté à une brochure du P. Marc Dechevrens (1) et offrant les moyennes de douze années (1873-1884), donnera au lecteur une idée plus précise des conditions climatériques de notre Mission.

MOIS	Baromètre	Thermomètre	Humidité relat.	PLUIE		VENT	
				fréquence	hauteur	direction	vitesse
	mm.				mm.		milles.
Janvier. . .	770,8	15°	78	9,0	51,6	N 9°8 O	8,4
Février. . .	769,2	4,3	79	11,2	71,9	N 13,5 E	8,6
Mars	766,7	8,1	76	11,6	75,0	N 46,2 E	8,7
Avril	762,1	13,9	78	12,8	94,2	S 76,7 E	9,0
Mai.	758,4	19,2	77	12,4	89,6	S 53,9 E	8,7
Juin.	755,9	23,2	82	13,8	189,7	S 61,1 E	8,0
Juillet. . . .	754,3	27,2	82	11,2	116,0	S 39,0 E	8,7
Août.	755,3	26,8	82	11,2	146,5	S 75,7 E	8,1
Septembre. .	759,5	23,2	82	11,8	140,1	N 55,8 E	6,5
Octobre. . .	764,8	17,6	78	9,2	79,8	N 26,9 E	6,4
Novembre. .	768,3	10,6	77	9,4	64,8	N 6,2 O	6,7
Décembre. .	770,2	5,1	76	6,5	31,1	N 17,9 O	8,0
Moyenne. . .	763,0	15,2	79	. . . .	. . . .	N 60,9 E	8,0
Sommes. . .	. . . .	. . .	. . .	130,1	1m150,3	. . . .	. . . .

Durant cette période, le baromètre a oscillé entre 739,4 (juillet) et 784,5 (décembre); le thermomètre, dépassé depuis lors, entre —11° (jan-

1. *The meteorological elements of the climate of Shanghai*, Zi-ka-wei, 1885.

vier) et 38°9 (juillet), avec des moyennes mensuelles variant de 0,4 (janvier) à 29,3 (juillet). L'humidité a présenté des moyennes mensuelles variant de 64 (janvier) à 90 (juillet), et annuelles variant de 75 à 83. La fréquence annuelle de la pluie a varié entre 97 (1873) et 155 (1878); la hauteur mensuelle extrême a été de 7 mm. 0 (janvier) à 491 mm. 8 (juin); la hauteur annuelle, de 776 mm. 9 (1876) à 1 m. 587 mm. 9 (1875); la somme moyenne des pluies étant, pendant la période, de 198 mm. 5 pendant l'hiver, de 373 mm. 5 pour le printemps, de 402,6 pour l'été et de 175,7 pour l'automne.

LOGEMENT. — L'habitation chinoise varie d'un pays à l'autre. Ainsi, au nord du fleuve, où la pauvreté est généralement grande, on se contente, dans les campagnes et souvent même dans les villes murées, de paillottes aux parois de roseaux ou de gourbis en terre. Dans les contrées plus fortunées, on construit les maisons en briques et on les couvre en tuiles. Dans la plaine, elles n'ont généralement qu'un rez-de-chaussée. Dans les pays montagneux, où le bois abonde et où l'isolement des habitants les expose à de fréquentes incursions des brigands, les quatre murs de la maison s'élèvent fort haut, percés d'une porte unique sur le dehors, les chambres ne prenant jour que sur l'impluvium intérieur. Il y a alors jusqu'à deux ou trois étages. Le missionnaire prend le gîte qu'on lui offre. Jamais il n'est confortable, rarement même il est hygiénique. Le Chinois, très frileux, ne sait pas, soit incurie, soit pauvreté, se prémunir contre les rigueurs de l'hiver; les cheminées lui sont inconnues; ses cloisons, de bois ou de papier, laissent passer l'air froid de tous côtés. L'unique ressource de l'indigène est de porter sur lui des fourrures, dans lesquelles il grelotte, et, s'il ne peut s'en procurer, il met sur lui toute sa garde-robe. Inutile de dire que les missionnaires, toutes les fois qu'ils ont pu, ont remédié à cette déplorable habitude, en édifiant, dans leurs principaux centres, une ou deux chambres qui les mettent à l'abri du vent... et des yeux indiscrets.

MOYENS DE LOCOMOTION. — Quelques mots sur les différents moyens de locomotion en usage dans notre Mission ne seront pas sans intérêt. Au Ngan-hoei, contrée montagneuse et aux longues étapes, il n'en est point d'autre vraiment pratique que la mule. Cette excellente monture rend aux missionnaires d'immenses services : elle n'a qu'un défaut, hélas! c'est d'être dispendieuse pour des pauvres tels que nous (1). Mais enfin qu'y faire? Nous réduisons notre équipage à la

1. Une bonne mule vaut environ 150 francs; les deux bêtes du Père et celle du catéchiste représentent donc une première mise de fonds de près de 300 francs. Et

plus grande simplicité, et nos bienfaiteurs savent assez que... *prius est vivere*. L'âne serait plus économique, mais, la plupart du temps, la besogne à faire dépasserait ses forces; aussi n'en usons-nous que rarement. J'en dis autant du cheval, moins résistant à la fatigue et d'un pied moins sûr que la mule dans les sentiers des montagnes.

CHARS ET BROUETTES. — Au nord du Kiang-sou, dans l'immense plaine du Siu-tcheou-fou, au milieu des sables accumulés depuis des siècles par le fleuve Jaune, on se sert du char attelé de mules. Le véhicule est détestable et onéreux, mais il s'impose. Concluez... En redescendant vers Chang-hai, sur la rive gauche du fleuve Bleu, et dans l'île de Tsong-ming, située dans l'estuaire du fleuve, l'humble et laborieuse brouette règne en maîtresse. Figurez-vous une roue haute de trois pieds environ, large de trois centimètres, sur l'essieu de laquelle repose un bâti horizontal, débordant la roue d'un pied environ à droite et à gauche. On charge les bagages, chapelle et vêtements d'un côté de ce plancher suspendu, le missionnaire s'assied de l'autre, les jambes pendantes ou repliées à volonté, et en route! Le brouettier pousse par derrière au moyen des brancards que soutient, aidée de ses bras, une solide bretelle passée à son cou. Un bon brouettier ainsi chargé peut fournir, par un beau temps, une course de 60 kilomètres en un jour. Et cela vous coûtera environ 700 sapèques, soit un peu moins de 2 francs au cours actuel. Une mule et un porteur n'eussent point fait davantage et il faut sans cesse les nourrir.

BARQUES. — Sur la rive droite du fleuve, dans la grande plaine qui s'étend de Chang-hai à Sou-tcheou, on se sert, pour les petites courses, de la chaise à porteurs. Il paraît que cela est fort distingué; mais ce mode de locomotion sied mieux à l'indolent oriental qu'au missionnaire français; il est, du reste, très coûteux. Aussi nous en servons-nous rarement. Mais, en revanche, dans cette plaine coupée d'innombrables canaux, accusant son origine alluviale, il nous reste une ressource providentielle : la barque. Et c'est en barque qu'une trentaine au moins de nos « conservateurs de la foi », dont je parlais tout à l'heure, accomplissent leurs courses incessantes.

JONQUES. — La traversée du fleuve Bleu ne peut s'effectuer sur les barques ordinaires, trop petites et trop fragiles, des Pères; mais on trouve à louer, à Chang-hai, de solides carènes ou jonques, qui s'offriront à vous conduire, moyennant 10 à 20 francs, jusqu'à l'île de Tsong-

les pauvres bêtes ne vivent pas de l'air du temps : en route surtout, dans les auberges, la vie d'une mule coûte deux fois plus que celle d'un missionnaire.

ming ou au promontoire de Hai-men. Les distances de Chang-hai à ces deux Sections sont respectivement de 55 et de 100 kilomètres. Quand le vent est favorable, quelques heures suffisent à accomplir ce trajet; mais il est bon, en s'embarquant, de se munir, outre l'itinéraire, d'une forte provision de patience. Combien de fois nos voyageurs en partance ont-ils dû passer une semaine et même plus au fond de leur voilier embossé à Ou-song, attendant le vent, et le bon! Les pirates sont devenus rares sur cette côte depuis quelques années, mais les naufrages des missionnaires n'y sont pas inouïs, témoin l'accident arrivé l'an dernier au P. Le Chevallier, dont le récit a été publié (1). Ailleurs encore, dans les lacs, ou dans le cabotage du haut Kiang, les Pères se servent de barques de louage que les patrons manœuvrent avec beaucoup de bonheur et d'audace. Ce n'est point à dire toutefois qu'il y ait pleine sécurité avec eux, non plus du reste qu'avec notre marine plus pacifique des canaux; je connais plus d'un de mes frères qui a pris une pleine eau avec ses pauvres livres, ses chapelles et son catéchiste, dans sa barque chavirée. L'un d'eux, par une bise glaciale de janvier, m'arrivait un jour à Zi-ka-wei, sans bas et les pieds passés dans de simples babouches... Son esquif avait capoté à quelques kilomètres de là, et il venait à pied, revêtu d'une houppelande d'occasion, grelottant de fièvre. Mieux vaut tomber à l'eau en une tiède journée d'été, comme fit naguère un de nos autres Pères sur les rives du fleuve; mais ici-bas aucun bonheur n'est complet, et le point noir de cette histoire est que le missionnaire, célèbre parmi nous comme photographe, ne put dégager à temps son appareil de la barque complètement retournée. « Quel dommage, s'écriait-il du rivage où il venait d'attérir sain et sauf, cela aurait fait une vue si pittoresque! » J'en passe et des meilleurs, mais non sans faire remarquer au lecteur la merveilleuse protection que les Saints Anges ont toujours exercée sur nos missionnaires voyageurs, dont aucun, que je sache, n'éprouva d'accident mortel, en dehors de ceux que peut causer le redoutable soleil de nos climats.

STEAMERS. — Pour les longues étapes sur le fleuve, les vapeurs nous sont une précieuse ressource. Les confortables steamers de chacune des trois Compagnies principales de navigation, dont deux anglaises et une chinoise, se succèdent deux fois par semaine, en remontant le fleuve jusqu'à Han-keou au Hou-pé, et en redescendant à Chang-hai. Le dimanche seul, il n'y a pas de départ de l'un et l'autre *terminus*. Le passage en seconde et en troisième classe est d'un

1. *Quelques notes sur l'état et les progrès de la Mission du Kiang-Nan en 1897*, pp. 20 et suiv.

bon marché incroyable; aussi les Chinois affluent-ils et, en été surtout, cette masse humaine demi-nue, vitulant au milieu des vapeurs de l'opium, offre-t-elle le spectacle d'un grouillement de chair écœurant. Par contre, le prix des premières est très élevé et peu d'indigènes se paient un pareil luxe. Mais les Compagnies anglaises, sans doute pour sauvegarder la dignité des passagers de races étrangères, leur imposent les premières classes. Les missionnaires ne sont point exceptés de ce tribut onéreux inventé par la caste anglo-saxonne. Voici, pour l'intérieur de notre province, les stations du bateau montant, avec les heures du passage moyen : départ de Chang-hai, vers minuit; à la hauteur de Tong-tcheou et de Kiang-yn, on stoppe pour déposer et embarquer des voyageurs, au moyen des chalands qui accostent en plein fleuve. Vers 9 heures du soir, arrivée à Tchen-kiang, port ouvert, douanes impériales; on accoste à un ponton, charge et décharge les marchandises; 5 heures du matin, arrivée à Nan-king; la Compagnie chinoise y a seule un ponton. Vers midi, on est à Ou-hou, port ouvert, etc., comme à Tchen-kiang. Puis, à l'île de Ho-yué-tcheou (Ta-tong), on dépose des voyageurs; enfin, vers 4 heures du matin, arrivée à Ngan-king : ponton pour la seule Compagnie chinoise. En tout, cinquante-deux heures; mais, je l'ai dit, c'est une moyenne; à Ou-hou, par exemple, où j'ai longtemps habité, les navires arrivent de 6 heures du matin à 6 heures du soir, suivant l'importance du commerce et la rapidité du fleuve, variables aux diverses saisons. Pour descendre de Ngan-king à Chang-hai, quarante heures suffisent en général : on part vers 8 heures du soir de Ngan-king, et l'on arrive le surlendemain à midi (1).

A PIED. — Je serais injuste pour quelques-uns de nos missionnaires, si je ne signalais, au moins pour mémoire, comme moyen de locomotion en usage dans notre Mission, l'humble voiture... de saint François. Quelques-uns d'entre nous trouvent une ineffable jouissance à arpenter la plaine au grand jour du bon Dieu, au lieu de se tapir au fond d'une barque oscillant au milieu d'un canal, sous l'impulsion de la godille. Ils escaladent avec volupté les montagnes, sans se soucier des pompes d'un coursier... Mais, avouons-le, les plus robustes ne résisteraient pas longtemps à ce métier. Et, en dépit de la poésie, nos déplacements incessants, joints aux exigences du décorum chi-

1. Voici les distances, exprimées en milles (1852 mètres), des principales stations situées sur le parcours de cette navigation, à partir de Chang-hai : à Tchen-kiang, 156 milles; à Nan-king, 45 m.; à Ou-hou, 50 m.; à Ngan-king, 104 m.; à Kieou-kiang, 89 m.; à Han-keou, 140 m.; à I-tchang, 370 m. En tout, 954 milles. La dernière section, de Han-keou à I-tchang, n'est accessible qu'aux vapeurs d'un faible tirant d'eau (*The nautical Manual*).

nois, nous font une loi d'user ordinairement d'un véhicule moins fatigant (1).

POSTES. — L'on a pu juger, par les récits qui précèdent, de la facilité relative des communications postales. Le long du fleuve, tout va bien, les échanges sont rapides et réguliers. Plus loin, c'est autre chose. Au sud du Kiang, plusieurs sociétés particulières font, par eau ou par terre, un service passable, desservant les villes principales. Plus au nord, et surtout sur la rive gauche de la Hoai, il faut envoyer des courriers si l'on désire des nouvelles. Aussi bien des lettres mettent-elles plus d'un mois à parvenir au fond de la Mission. Cette solitude est une des privations senties du missionnaire. Nous avons le télégraphe dans les principales villes qui longent le fleuve et le Grand canal; mais cette institution elle-même laisse beaucoup à désirer, aux mains de nos apathiques indigènes. Rien de plus commun que les retards et les quiproquos dans l'envoi des dépêches. Je choisis un exemple entre plusieurs. Le Père Supérieur de la Mission, en tournée de visite au Ngan-hoei, avait été surpris par les glaces sur les bords du lac Tchao. Contraint d'hiverner quarante jours en ces lointains parages, la neige l'empêcha de nous envoyer un courrier pour nous rassurer. Dès que la débâcle lui permit de regagner le fleuve, une dépêche fut adressée de Ou-hou pour annoncer son arrivée, le lendemain, à Tchen-kiang. Le télégramme substitua au nom du Père retrouvé un caractère signifiant « cadavre »! Et le lendemain, quand notre cher voyageur, redescendant le Kiang, arriva à Tchen-kiang, il trouva dans l'église le catafalque qui venait d'être monté pour son service mortuaire. On eut bien juste le temps de décommander les invitations.

LA TABLE. — Un Français ne connaissant la Chine que par les livres, ne se figure guère un repas chinois sans l'accompagnement obligé des bâtonnets, des ailerons de requin et des nids d'hirondelles. Passe encore pour les bâtonnets, que la plupart des missionnaires manient presque avec autant de grâce que les lettrés du crû. Au fond, rien de plus simple et de plus humiliant que cet exercice pris sur le vif. Les bâtonnets servent à appréhender dans le plat commun, et, pour ainsi

1. Le long des côtes salines de Hai-men, Jou-kao, etc., on trouve un attelage absolument primitif, qui sert à tous les transports de la vaste plage. Rien de plus amusant qu'une course sur ces chariots pseudo-mérovingiens, lancés au galop de leurs énormes buffles, parfois sur un étroit chemin que bordent de profonds fossés pleins d'eau. Enfin, faut-il mentionner pour mémoire la minuscule ligne de chemin de fer (environ 12 kilomètres), ouverte cette année à la circulation entre Chang-hai et Ou-song; puis encore, en projet : les lignes anglaises de Chang-hai au Nord, en passant par Sou-tcheou, Tchen-kiang, et la rive est du Canal impérial; de Nan-king à Sou-tcheou, et de Chang-hai à Hang-tcheou, capitale du Tché-kiang?

dire, par bouchées successives, les morceaux que l'on porte ensuite à sa bouche; si le morceau saisi est trop gros pour être avalé d'un seul coup, vous tâchez de mordre dedans, car l'usage du couteau n'est pas connu à table. Quant au riz, j'avais cru jadis, naïf enfant, que l'on en faisait sauter prestement les grains, du bol dans la bouche, ce qui me paraissait d'une dextérité difficile à atteindre pour nos races arriérées. Quittez cette illusion, si jamais vous l'avez partagée : le mangeur de riz, sans aucun souci de la poésie, porte ses lèvres au bol comme s'il allait boire, et, de ses deux bâtonnets, alors réunis en une main, il introduit vivement dans la bouche une quantité de riz qu'il renouvelle après chaque transmission dans l'œsophage. Quand le riz est semi-liquide, ce qui arrive souvent au déjeuner, il se produit, au cours de cette opération, un bruit d'absorption rappelant les mœurs répugnantes de certains animaux moins nobles que ceux de la race humaine. J'ai dit tout à l'heure « passe encore », car la générosité de nos Supérieurs nous ayant gratifiés d'une fourchette, d'une cuiller et d'un couteau, on use généralement de ces instruments plus perfectionnés.

LA NOURRITURE. — Au nord de la Mission, la population ne connaît guère que le pain; il est, en général, de froment non levé; les plus pauvres vivent d'une pâte grossière de sorgho; dans quelques localités, cette graine est remplacée par le maïs. Partout ailleurs le riz tient lieu de pain, et le plus estimé est celui que produisent les plaines du Kiang-sou méridional. On vous le sert cuit à l'eau, jamais crevé, mais gonflé à pleine peau; plusieurs missionnaires substituent à cet aliment échauffant un pain, souvent trop misérable, que leur font leurs bateliers ou autres domestiques. La viande par excellence de la Chine est le porc; on vous l'offre en cubes ou en boulettes, bouilli ou fricassé, nos cordons bleus connaissant très mal les rôtis. Comme au temps d'Henri IV, la poule au pot est la pièce de résistance obligée de tout repas honnête. A ces deux mets de fond, joignons quelques ragoûts de chèvre, viande assez nauséeuse, des œufs, trop souvent de canard, ou l'animal lui-même, du jambon, du poisson, souvent séché ou salé, des fèves et pois de diverses espèces, des choux, des épinards, patates douces, aubergines et quelques autres accessoires variant suivant la saison. Comme desserts, des sucreries et des pâtes assez lourdes, peu ou point de fruits (1), sinon ceux qui viennent des pro-

1. A cette règle, il y a pour le Kiang-nan quelques exceptions intéressantes : la préfecture de Siu-tcheou donne les mêmes fruits que le Chan-tong; les vergers de Chang-hai produisent d'excellentes pêches; la presqu'île de Hai-men voit mûrir l'eurybotria, fruit exquis; et le diospyros kaki étale ses variétés appétissantes sur plusieurs points de la Mission, notamment dans le Ho-chan.

vinces du Nord, poires, pommes et raisin, ou de celles du Sud, oranges et bananes. Peu ou point de gibier, les Chinois n'en faisant aucun cas. Enfin, ni mouton, ni veau, ni bœuf, excepté dans les villes où résident des Européens ou des mahométans. Le bœuf, rare du reste dans nos contrées, jouit en Chine, de par une coutume immémoriale qui a force de loi, de tous les droits à une paisible vieillesse : il n'est pas juste, assure le peuple, que ce fidèle et utile auxiliaire de l'homme des champs qui, peut-être, renferme l'âme d'un de vos ancêtres, tombe victime d'un trépas prématuré. Et c'est pour cette raison que, dans les villes riches et vraiment philanthropes, l'on fonde pour ces dignes bêtes des maisons de retraite pour le temps de leur vieillesse; il en existe une, par exemple, à Chang-hai, en dehors de la porte du sud.

LES AUBERGES. — *Scio abundare et penuriam pati.* Dans nos anciennes chrétientés, nos chères ouailles, chargées de notre subsistance, ne nous laissent manquer de rien ; souvent même nous devons veiller à ce qu'il n'y ait pas de prodigalité de leur part. Au nord et à l'ouest de la Mission, les Pères sont le plus souvent à leur compte et pourvoient par eux-mêmes au train de leur maison et au menu de leur table. C'est simple, très simple, souvent plus qu'un repas de collégien. Dans telle localité on ne tue que tous les huit ou dix jours ; le missionnaire alors adopte le régime végétarien. Mais c'est surtout en voyage que maigre est le régime : la Chine, peuple pauvre et frugal, n'a pas l'idée d'un hôtel confortable, et, dans certaines contrées surtout, le voyageur est heureux de trouver, au soir d'une fatigante étape, un bol de riz rouge granuleux ou au contraire glutineux à l'excès, avec une feuille de chou salé ou quelques débris d'un piment incendiaire ; un peu de vin de riz, si l'on en trouve, ou d'alcool de sorgho, pour deux ou trois centimes tout au plus, complète le festin et aide la digestion. L'avouerai-je ? J'ai toujours digéré ces repas de Spartiate, revenant à moins de deux sous ; tant il est vrai que le meilleur cuisinier est toujours l'appétit.

LE COUCHER. — C'est la fatigue aussi qui reste la meilleure berceuse. Après des courses à mule qui varient de 60 à 120 li, soit 36 à 72 kilomètres, le corps n'est point difficile pour la couche qui doit le recevoir ; point n'est besoin d'un lit mollet ; on repose sur la dure et l'on n'y fait qu'un somme... à moins que les moustiques ou certains insectes sauteurs, ou encore l'odeur fétide du local ne vous empêchent de clore l'œil de la nuit. Dans le sud du Kiang-nan, il existe souvent dans les auberges d'étroites et sales cabines en planches où l'on peut se retirer ; c'est un luxe, profitez-en ; demain peut-être, et pendant de longs jours, surtout si vous chevauchez vers le nord, vous ne trouverez d'autre réduit que la salle commune, encombrée par la foule des voyageurs. Heureux si, dans ces hôtelleries primitives, la baie qui sert d'entrée sur la cour est fermée d'une porte ; heureux si vous trouvez des planches pour vous y étendre, roulé dans votre couverture ouatée, côte à côte avec les indigènes, avec vos mules, avec le porc de la famille... Mais passons ; il faut, pour rire de ces choses, oh! bien petites en vérité, une grâce d'état que possède le missionnaire, abondamment, mais que nos mères n'ont peut-être pas au même degré.

UNE ÉTAPE. — Tout à l'heure, nous parlions voyages. Ceux qui se font en barques sont par eux-mêmes peu méritoires. Commodément assis dans sa cabine, entre celle du catéchiste à l'avant et l'abri des bateliers à l'arrière, ayant sous la main sa petite bibliothèque portative et le mobilier personnel qu'il lui plaît d'emporter, le missionnaire peut à son aise travailler, prier, lire, écrire, à moins que le mouvement cadencé de la godille qui fait glisser son esquif, ne détermine chez lui une miniature de mal de mer... juste assez pour empêcher tout travail, ainsi qu'il arrive à plusieurs. Des bruits du dehors, tout au plus percevra-t-il, en été, le clapotement des eaux qu'élève dans les rizières le chapelet de la noria activé par un bœuf. Mais la barque si commode à l'homme intérieur n'est guère avantageuse à l'apôtre qu'elle isole de tout contact avec l'indigène païen. Parlez-moi au contraire de la brouette ou de la mule! Là, vous vous révélez au grand jour et tout le monde bientôt connaît « l'étranger d'Occident » ; votre barbe vous trahit un kilomètre d'avance et si parfois cette prédication muette vous procure quelque petite humiliation, celle entre autres de rencontrer des croix tracées sur votre chemin par un malveillant, la facilité que vous trouvez de communiquer avec les habitants de la contrée, ou avec les voyageurs qui font route commune, vous dédommagent de vos peines. Prenons, pour donner une idée de nos courses, une étape de 100 li, 60 kilomètres, accomplie au Ngan-hoei, dans les conditions normales de la plaine. Nous sommes aux premiers jours de septembre et regagnons grand train notre District. La journée aura près de treize heures ; c'est plus qu'il n'en faut pour 100 li ; mais si nous tenons à dire décemment la messe, il faudra nous lever longtemps avant le soleil, alors que les voyageurs goûtent encore les faveurs de Morphée. Avant 4 heures, tout est prêt, l'autel portatif est disposé dans quelque coin, et le catéchiste vous assiste. A peine avez-vous terminé que, partout dans l'auberge, a lieu le branle-bas du lever ; il était temps. La chapelle est remise en ordre, le bagage replié et les mules sont sellées, pendant que vous faites votre action de grâces. Il est 5 heures, en route! Votre palefrenier ouvre la marche, portant aux deux extrémités d'une planche de bambou tout votre mobilier, logé en deux paniers et que vous avez dû condenser en un poids d'environ 60 à 70 livres. Vous suivez, et le catéchiste ferme la marche, portant son propre avoir dans ses arçons. Vous marchez, mais bon pas ; la fantasia ici n'est pas de mise, car il faut suivre votre guide, un pauvre diable qui portera un lourd fardeau tout le jour. C'est perché sur votre bête que vous ferez votre méditation, direz votre bréviaire, vaquerez à votre examen, réciterez votre chapelet... et même fumerez quelques pipes, si vous avez contracté cette mauvaise habitude, très bien vue des Chinois. Vers 7 heures, on fait halte en quelque auberge pour déjeuner, car on était parti à jeun, les mules seules s'étant bien repues dans la nuit. Vingt minutes ont suffi pour avaler l'insipide brouet et humer un bol de thé bouillant. Vous remontez en selle et en avant ! La chaleur devient accablante ; prenez garde au soleil et si vous ne pouvez supporter le large et lourd chapeau de paille, qui vous cercle la tête comme d'un étau de fer, servez-vous de votre parasol en papier huilé, en assurant de l'autre main les rênes de votre monture. On fait moyennement dix li, 6 kilomètres, en une heure ; puis hommes et bêtes soufflent pendant quelques minutes. Et l'on reprend jusqu'au dîner, qui se fait vers midi et dure environ une heure, avec l'attente et le repos qui suit. Et le soir, couverts de poussière, quand ce n'est pas de pluie et de boue, vers le moment où le soleil se couche, vous arriverez au terme de l'étape.

VACANCES. — Les Pères qui évangélisent les frontières nord-ouest du Ngan-hoei ont chaque année huit ou dix de ces pénibles journées à fournir pour gagner Ou-hou, centre de la Province ; autant pour retourner. Mais ces fatigues sont bien payées par le bonheur que l'on trouve dans la conversation de ses Frères. Rien de meilleur, à l'âme comme au corps, que ces haltes dans l'apostolat que nous imposent nos Supérieurs ; elles redonnent une nouvelle vie et nous reposent de bien des déboires. C'est en juillet et en août qu'ont lieu, pour les deux Provinces, respectivement à Zi-ka-wei et à Ou-hou, ces réunions que nous appelons justement vacances, et qui se font en deux bandes, chacune d'un mois, pour ne jamais dégarnir complètement les postes de la Mission.

RETRAITES. — Outre ce repos annuel d'un mois, il en est un autre plus court, consacré seulement aux intérêts de l'âme : c'est le temps de la retraite spirituelle, dont tous doivent s'acquitter, suivant les règles de la Compagnie. C'est vers janvier et février qu'ont lieu ces saints exercices, non plus seulement dans nos deux résidences générales, mais encore dans plusieurs centres qui évitent aux missionnaires de trop longs déplacements.

UNE MISSION. — Je ne puis suivre le missionnaire du Kiang-nan dans tous les détails de sa vie apostolique ; je serais infini, à raison de la variété qu'offrent les circonstances de cet apostolat. Je me contenterai de choisir deux types principaux de nos occupations et de les exposer très brièvement sous la forme d'horaires (1). Je prends d'abord une journée de mission au centre de nos vieilles chrétientés. Le lecteur doit savoir ce que nous entendons par ce mot de mission : chaque année, depuis septembre jusqu'à Pâques environ, le Père consacre à chacune de ses chrétientés le temps nécessaire pour préparer les confessions et les communions annuelles : c'est ici la période des pâques. Nous sommes, si vous le voulez, à la fin de septembre, vers l'équinoxe, avec les journées de douze heures. Lever à 4 heures et demie ; visite au Saint-Sacrement que nous avons presque toujours le bonheur de conserver dans nos chapelles durant notre séjour. A 5 heures, méditation. A 6 heures, récitation, par les chrétiens, des prières du matin ; messe avec sermon sur une des principales vérités ; action de grâces ; déjeuner. Vers 8 heures, catéchisme aux enfants, fait par le Père, pendant que le catéchiste, aidé des administrateurs de la chrétienté, prépare les billets de confession, une trentaine chaque jour. A 9 heures, les pénitents, de retour dans l'église, sont préparés, par une instruction toute pratique du prêtre, au grand acte qu'ils vont accomplir. Alors les confessions commencent. De 11 heures à 2 heures, suivant la marche des horloges, on sert le dîner. Puis Chemin de Croix par les pénitents du jour ; ensuite, nouvelle instruction préparatoire, seconde séance de confessions. Le souper vient de 6 à 7 heures. Bréviaire avant ou après, pendant les prières du soir récitées à l'église, suivant les circonstances. Le soir, on cause avec ses hommes des affaires de la paroisse, on règle l'ordre de la journée suivante. Quand les exercices de piété sont finis, il est souvent 10 heures et plus. Le repos de la nuit a été bien gagné.

VISITES. — En dehors de ces missions, le missionnaire visite fréquemment ses chrétientés. Chaque fête patronale donne droit à son retour. Vers la onzième lune (décembre), le Père les parcourt toutes pour veiller à la confection des listes d'écoliers pour l'année suivante ; plus tard (février), nouvelle visite pour l'inspection des dites écoles qui viennent de s'ouvrir ; en mars, en mai, en juin, on s'efforce d'accorder une ou plusieurs messes à chaque église pour y fêter Saint Joseph, la Sainte Vierge, le Sacré-Cœur. Puis les visites aux malades (cette année, 2.280 extrêmes-onctions), les mariages (cette année, 1.262),

1. Bien entendu, ces horaires eux-mêmes sont moyens et comportent une grande latitude.

des affaires urgentes à traiter, quelque retraite à une catégorie spéciale de chrétiens, etc., ramènent le missionnaire tantôt ici, tantôt là ; c'est une vie d'incessants labeurs, de continuels déplacements, nous permettant de dire : *non habemus manentem civitatem !*

MINISTÈRES. — En dehors des exercices réguliers des missions, le prêtre prêche tous les jours (cette année, 11.788 sermons), catéchise tous les jours ou même deux fois par jour (cette année, 19.549 catéchismes par les Pères), il baptise ou supplée les cérémonies du baptême (cette année, 4.178 baptêmes d'enfants de chrétiens, 375 d'enfants de catéchumènes, 34.295 d'enfants de païens), il confirme (3.426 confirmations cette année); il confesse encore... Sait-on combien de confessions nos Pères ont entendues cette année au Kiang-nan? 75.089 confessions annuelles ou pascales, auxquelles ont répondu 68.098 communions; et 400.891 confessions de dévotion avec 499.166 communions. Et voilà l'une de nos meilleures consolations.

CHEZ LES CATÉCHUMÈNES. — Mais je m'attarde et j'ai hâte d'en venir au second horaire que j'ai promis. Ce sera, si vous le voulez, celui d'un missionnaire du Ngan-hoei. Au Kiang-sou méridional, les Pères, chargés d'un simple District, ont peu d'établissements pour les élèves internes. Ailleurs, au contraire, un pensionnat de garçons et un autre de filles sont de rigueur dans chaque District pour la formation des enfants des néophytes ou des catéchumènes. C'est là une de nos œuvres les plus chères. Prenons la même date que plus haut. Lever à 4 heures et demie, et le reste comme ci-dessus. Après la messe, l'école des filles récite le chapelet que suit un premier catéchisme du Père. Déjeuner, réceptions de visites, palabres interminables de nos bons mais rusés catéchumènes qui comptent toujours sur quelques secours du Père; distribution gratuite de remèdes : santonine, sulfate de quinine, sulfate de zinc, emplâtres divers, tel est le fond commun, presque unique et cependant suffisant de toutes nos pharmacies. Vers 10 heures, catéchisme du Père aux écoliers de son petit collège; les affaires, car elles ne chôment jamais en ces régions, continuent. Après le déjeuner, le Père monte à mule et va visiter quelque poste de son District. Sur sa route, il se détourne pour voir une famille nouvellement convertie, pour surveiller une construction en train, inspecter une école, consoler un malade, saluer un notable païen, etc., etc. Il s'arrête dans les auberges et demande une tasse de thé pour trouver un facile prétexte de relations avec les indigènes, auxquels il « explique la doctrine », même en s'aidant d'images pieuses. Puis, au retour, après une promenade de quatre à cinq heures, remplie des industries de son zèle, il rentre dans sa résidence centrale. Nouveau catéchisme aux garçons ; enfin souper; peut-être alors, resté seul dans sa chambre, pourra-t-il se livrer quelques instants à l'étude, à celle du chinois surtout, si nécessaire toujours au missionnaire, et chez lui cependant toujours incomplète.

MOYENNE DE VIE. — Voilà comment on vit au Kiang-nan, et on le fait joyeusement, par amour de Dieu et des âmes. L'on finit bien par y mourir, comme ailleurs, mais vraiment guère plus qu'ailleurs. Il y a un quart de siècle, quand je passais par Saïgon, me rendant à Chang-hai, Mgr Colombert nous apprit qu'à l'origine de notre Mission, nos Pères n'avaient obtenu une moyenne de vie que de six ans, et elle avait été, ajoutait-il, deux fois moindre encore à Saïgon. Cette mortalité effrayante était due sans doute aux grandes difficultés du début, à l'insalubrité des logements, et surtout à l'ignorance des soins élémentaires et indispensables d'hygiène à prendre en pays chaud. Peu à peu, nos habitations sont devenues plus saines, notre vêtement s'est mieux accommodé aux besoins du climat, nous avons appris à nous défier du soleil, ce grand ennemi de l'Européen dans les pays chauds, nous ne cherchons plus à supprimer les sueurs qui nous inondent deux ou trois mois chaque année. Et avec cela notre moyenne a monté, monté... En 1892, elle atteignait déjà dix années et demie, la moitié de ce qu'elle fut parmi les missionnaires de l'ancienne Compagnie (1), et, depuis lors, elle n'a cessé de s'améliorer, si bien que nous ne désespérons pas d'en arriver un jour à la longévité de nos anciens.

INFIRMERIE. — Ajoutons, comme élément appréciable de notre longévité actuelle, la présence à Chang-hai de nombreux et habiles médecins et la construction assez récente d'une infirmerie installée pour nos missionnaires. Si nos docteurs ne nous guérissent pas tous, ils nous procurent du moins l'enviable honneur de mourir selon la formule. Et notre infirmerie rapporte plus et mieux à nos chers malades : des soins fraternels pour le corps et pour l'âme, rappelant par leur délicatesse, au pauvre exilé, la première famille et la première patrie.

SÉPULTURES. — Les restes de quelques-uns de nos missionnaires reposent au loin, à Ou-ho et à Ou-hou; ailleurs encore, comme à Tsong-ming et à Hai-men. Ce sont ceux qui ont été frappés presque subitement, auxquels la mort n'a pas laissé le temps de rallier la mai-

1. On s'étonnera moins de cette longévité, en Chine, des missionnaires des XVIIe et XVIIIe siècles, lorsqu'on saura que les deux tiers à peine des effectifs envoyés d'Europe arrivaient à destination, toutes les petites santés périssaient en route des rigueurs de la traversée.

son-mère. A l'un d'eux, au P. Joseph Seckinger, vrai fondateur de la Mission du Ngan-Hoei, à laquelle il dévoua son intrépide vaillance pendant vingt-cinq ans, je dois un souvenir spécial et je salue ses cendres qui, un jour, deviendront glorieuses, avec celles de ses frères couchés en ces régions lointaines. Nos autres tombes sont à Chang-hai, en dehors et non loin de la porte du Sud. C'est là que se succèdent, pressés, les caveaux en briques construits à fleur du sol, et dont chacun contient un cercueil. Les premiers possesseurs de cette nécropole sont d'anciens Jésuites qui évangélisèrent ce même peuple aux siècles derniers. Le P. Brancati, dont nous avons dit les immenses travaux, décédé pendant l'exil de Canton, était revenu dans son cercueil, en 1671, prendre la première place de cette fondation. Une grande dalle ou stèle en pierre, fermant l'orifice de chaque caveau, désigne en chinois et en latin les noms de celui qui l'habite, *expectans beatam spem*, dans l'attente de la bienheureuse espérance (1).

AUTREFOIS, AUJOURD'HUI. — Avant d'exposer les relations du missionnaire en Chine, nous jugeons utile de comparer brièvement la vie d'autrefois et celle d'aujourd'hui. Autrefois, une élite peu nombreuse d'hommes joignant la science à la vertu força pacifiquement les portes de la Chine, et, sans le secours de la richesse, sans l'appui de la force, se maintint dans cet empire par le seul ascendant que lui donnaient cette science et cette vertu; elle y fit de nobles et vastes conquêtes, malgré les nombreuses persécutions qu'elle eut à souffrir. C'est qu'alors, outre les bénédictions divines spéciales que nous pouvons reconnaître au début de toutes les grandes œuvres, les missionnaires avaient pour eux et pour leur cause deux avantages immenses : le gouvernement chinois et la caste lettrée n'avaient rien à redouter de la part des nations étrangères; de plus, le caractère moral des hautes classes semble avoir été plus élevé que de nos jours. Aujourd'hui, le nombre des prêtres européens qui évangélisent la Chine a deux fois décuplé, et quatre cents prêtres indigènes aident nos compatriotes dans leur apostolat. L'Europe catholique a organisé pour eux un budget; et cependant les grands et les lettrés ne se convertissent plus. Les sciences humaines et les lettres chinoises ont été presque entièrement délaissées comme moyens d'apostolat, et les missionnaires, compromis par l'intrusion armée et les appétits sans cesse croissants des nations européennes, et victimes d'une réaction que chacun comprendra, ne peuvent plus travailler à leur œuvre que sous la protection, devenue désormais nécessaire, des canons de notre marine. Jusqu'ici,

1. A la fin de 1898, la nouvelle Mission du Kiang-nan compte 121 décès de religieux de la Compagnie.

ce fut la gloire de la France d'être seule chargée de ce protectorat; mais déjà ce monopole est disputé à notre patrie, et récemment l'Allemagne, lui en enlevant un lambeau, a donné le déplorable exemple d'une nation spéculant uniquement sur la vie de ses missionnaires pour satisfaire à ses besoins d'expansion coloniale.

NOS RELATIONS. — Le missionnaire n'est pas un moine : à celui-ci la solitude, au premier la vie publique. Nous avons donc des relations et, sans être du monde chinois, nous sommes en lui et lui vivons très mêlés. Mais, dans notre grande Mission, rien de plus varié que les milieux où se produit l'action du missionnaire. Chez nos anciens chrétiens, à l'Est, comme nous disons pour plus de brièveté, le Père ne fréquente guère, ne connaît guère que ses ouailles. Et, en vérité, c'est à elles avant tout qu'il se doit, et elles absorbent ses loisirs. Il connaît ses nombreuses brebis et les appelle par leur nom; à leur tour, ses brebis le connaissent; il est obéi, respecté, aimé de tous, même des pécheurs. Oh! la douce impression au cœur du missionnaire, quand il catéchise ses petits écoliers des deux sexes : à voir ces figures souriantes et confiantes d'enfants, on sent que ce petit peuple est à l'aise avec l'étranger, et qu'il le considérera désormais toujours comme un père. Venez à l'heure des repas; vous trouverez, se pressant autour de la table, les sympathiques figures de nos bons paysans s'intéressant à ce que le Père mange et dit, avec une simplicité, peut-être un peu gênante pour un débutant, mais charmante pour qui connait ces braves gens et leur langue. Passez à l'église; elle est comble. Le Père prêche, il est nouveau... Quelques bonnes vieilles, sourdes sans doute, égrènent pieusement leur chapelet; tous les autres écoutent bouche béante. Le prédicateur novice n'a fait que bégayer, il a commis maint quiproquo risible, et pas un enfant, pas une grande personne n'a bronché. Tout au plus, après l'office, si le missionnaire débutant a le courage de demander à quelque paroissien respectable si l'on a compris son sermon, celui-ci lui répondra-t-il qu'il en a saisi « trois ou deux parties »... sur dix! Et le critique est peut-être indulgent.

LES « QUATRE CLASSES ». — Les choses ne vont point partout de la sorte. A l'Ouest, au Nord, peu ou point de chrétiens; c'est au pur Chinois, au païen, que l'on a affaire. La besogne est ingrate; il faut d'abord apprivoiser ces populations qui vous regardent comme une bête curieuse et dangereuse. Les femmes et les enfants s'enfuient à votre approche; les jeunes gens, craintifs et moqueurs à la fois, vous décochent de loin quelque injure grossière; les adultes vous toisent comme un être méprisable, dévisageant votre barbe, votre nez, toisant vos bêtes et vos bagages avec des airs de défiance. Les lettrés qui vous rencontrent affectent de cracher à votre approche, c'est le suprême de l'insulte sournoise. Oh! si nous n'étions des ministres de paix, quelle volupté trouverait la pauvre nature humaine à souffleter de tels gredins! Mais, non, nous ne le faisons pas, car notre Maître a été, avant nous, appelé Belzébuth et couvert de crachats. Je viens de parler des lettrés : c'est la première des quatre classes entre lesquelles se divise le peuple chinois : *Che*, *nong*, *kong*, *chang*. La seconde est celle des agriculteurs, la troisième des artisans, la quatrième des commerçants. Le métier des armes, peu en honneur ici, n'est point compris dans cette nomenclature; qu'il me suffise de répéter, pour caractériser le soldat chinois, ce vieux proverbe de sa nation, toujours vrai comme tout proverbe : « On ne se sert pas de bon fer pour fabriquer des clous, ni d'hommes de bien pour faire des soldats. » Un mot d'explication sur chacune des quatre classes.

LES LETTRÉS. — Et tout d'abord les lettrés : à tout seigneur tout honneur. Pour être bref, je renvoie mes lecteurs au chapitre XXIII de saint Matthieu; il nous donne avec une saisissante vérité le portrait de cette caste, car c'en est une, la seule même qui existe en Chine. Relisez cette page de sublimes invectives fulminées par le Sauveur contre les Pharisiens, elle convient trait pour trait à ceux de l'Extrême-Orient qui s'appellent Lettrés. Comme leurs confrères de Judée, ces hommes sont pleins d'orgueil, d'ignorance, d'avarice, de luxure, et ce sont eux qui, depuis les âges apostoliques, pour empêcher le peuple d'échapper à leur tyrannie, ont « maintenu injustement la vérité captive » et se sont opposés à la christianisation de leur race. Ce sont eux notamment qui, en ce siècle encore, fomentent les calomnies contre les missionnaires et préparent tous les coups de main contre leur personne et leurs établissements. Aussi la conversion d'un lettré et surtout d'un lettré gradué est-elle un fait très rare de nos jours.

LES PAYSANS. — Parlant en général, on peut dire que plus une contrée, une classe de personnes est soumise à l'influence des lettrés, plus sa population est hostile à l'influence étrangère et au christianisme. De là les conséquences suivantes : telle préfecture, à raison de la pauvreté de son sol, du grand nombre de ses habitants, n'a-t-elle pu développer dans son sein l'étude des livres confucéens, et dès lors posséder dans sa population des lauréats des degrés supérieurs, dites *à priori* que l'évangélisation y sera beaucoup moins entravée. Pour une raison semblable, le commerçant, l'artisan, celui des villes surtout, étant plus ou moins contaminé par le virus des lettrés, tenez pour certain que sa conversion sera plus difficile que celle d'un paysan. Aujourd'hui, plus que jamais, en Chine, c'est le pauvre d'esprit qui est évangélisé... et nous n'avons pas à nous plaindre, car c'est là, au fond des campagnes, que l'on retrouve les meilleurs traits d'une nature faite jadis pour le bien, lesquels placent à nos yeux le peuple chinois, comme ensemble de qualités morales, bien au-dessus des peuples païens qui l'environnent. Singulière endurance dans le labeur et la souffrance, respect de l'autorité, sobriété, modération, instinct de pudeur, telles sont les vertus naturelles de ce peuple qui deviendrait vraiment grand s'il puisait dans le christianisme, avec la grâce qui purifie et fortifie, celle qui donne un idéal.

MANQUE D'IDÉAL. — Je viens d'insinuer que le Chinois (je parle surtout du païen) manque d'idéal. Je m'explique. La Chine est un peuple positif, aux instincts matériels, aux aspirations terre à terre. Là, le goût est baroque, le cœur atrophié, l'intelligence étriquée. Le beau semble être en dehors de la conception de ce peuple : il ignore le beau physique à tel point que, chez lui, certains arts sont proscrits, les autres sont informes ou enfantins ; il ignore le beau moral, le beau intellectuel, car il ne sait pas Dieu et dès lors toute métaphysique lui manque, tout élan passionné vers les grandes et nobles causes lui font défaut, tout amour vrai et profond lui est étranger. Seul, nous le répétons, le christianisme pourra remédier à cette lacune.

LES MANDARINS. — Les lettrés ne se convertissent pas, généralement ils nous détestent; cependant nous leur pardonnons et profitons de toutes les circonstances favorables pour lier connaissance avec eux. Ces relations, si rares et si superficielles qu'elles soient, contribuent à faire tomber quelques préjugés, et exercent une heureuse influence sur le peuple. Ce dernier résultat est surtout atteint par les bonnes relations que nous nous efforçons d'entretenir avec les mandarins. Ces rapports sont, pour la plupart des missionnaires, une rude mortification; mais ne ferions-nous pas pour Dieu ce que des diplomates font pour leur patrie? Disons du reste que si parmi les mandarins que nous visitons, soit par convenance, soit par nécessité, il s'en trouve de dédaigneux et même d'insolents, plusieurs se révèlent à nous avec un fonds d'estimables qualités, quelques-uns même nous ont témoigné un intérêt et une estime démontrant cette « âme naturellement chrétienne » dont a parlé Tertullien.

JUSTICE CHINOISE. — Bien entendu, les mandarins, généralement lettrés eux-mêmes, se convertissent moins que tous autres lettrés. Ils ont dû acheter chèrement leur charge à des supérieurs corrompus; et puis leurs traitements sont dérisoires; enfin leur révocation est laissée à l'arbitraire de leurs chefs... absolument comme celle d'un préfet sous la République française. Ces trois causes, pensent les magistrats chinois de tout degré, les excusent suffisamment des concussions éhontées qui ont cours dans tous les tribunaux de l'empire (Ya-men), vraie caverne de voleurs, *antrum furum*, me disait avec autant de conviction que d'amertume un vieux prêtre indigène qui a passé une partie de sa vie à traiter avec ces messieurs les affaires de la Mission.

NOMENCLATURE. — Ce mot de mandarin devant fréquemment revenir dans notre correspondance de Chine, nous croyons bon d'en préciser le sens. D'une façon générale, il désigne les officiers de tous grades, tant civils que militaires, et doit probablement son origine à un mot portugais signifiant « commander, commandant ». L'administration provinciale de la Chine est peu compliquée, les fonctionnaires qui en font partie cumulant les emplois les plus divers, les plus disparates. Outre le vice-roi (Tche-tai) « des deux Kiang » (Kiang-nan et Kiang-si), résidant à Nan-king, chacune de nos deux Provinces possède dans les métropoles de Sou-tcheou et de Ngan-king, un gouverneur (Fou-tai), un grand trésorier (Fan-tai), et un grand juge (Nié-tai). Chaque Province a encore un grand examinateur (Hio-tai); puis un certain nombre d'intendants généraux (Tao-tai) ; enfin autant de préfets (Tche-fou, Tche-tcheou), et de sous-préfets (Tche-tcheou, Tche-hien) que l'on compte de départements et arrondissements, du nom de Fou, Tcheou ou Hien (1). Ce sont ces derniers magistrats qui portent plus proprement le nom de Fou-mou-koan, « Pères et Mères (du peuple) ». Ajoutez quelques administrateurs de degré inférieur (Fen-se); enfin, les notables (Tong-che), et une sorte d'agents de police locale nommés Ti-pao.

« PÈRES ET MÈRES DU PEUPLE. » — C'est surtout aux préfets et sous-préfets que les missionnaires ont affaire. C'est à la barre de ces magistrats aux attributions si complexes, à la fois juges et procureurs, percepteurs du tribut et des droits de toute nature, etc., etc., que ressortissent en première instance toutes les affaires civiles et criminelles. Ils sont peu payés par le gouvernement, et telle est une des causes des exactions auxquelles tous se livrent aux dépens des plaideurs. Ils disposent, pour l'exécution de leurs ordres, d'une troupe de gens sans aveu, connus en Europe sous le nom de satellites, ordinairement fumeurs d'opium, lesquels éternisent les délais de la procédure, pour

1. Villes dites par les anciens missionnaires de premier, de deuxième, de troisième ordre.

vivre plus longtemps de la substance des clients. Quelque répugnance que le missionnaire éprouve à entretenir des relations avec ces pharisiens et ces scribes, il s'y voit plus d'une fois contraint pour protéger son troupeau contre les vexations tyranniques des païens; et dans ce cas, il n'a point à regretter les prévenances qu'il a eues envers le prétoire ou Ya-men.

COUP D'ŒIL SUR LES SECTIONS. — Désormais il nous faut parcourir à grandes étapes les Sections proprement dites, entre lesquelles se partage l'immense territoire du Kiang-nan. Nous nous bornerons à donner sur chacune les notions qui nous semblent strictement nécessaires, pour qu'à l'avenir nos lecteurs puissent, en s'y reportant, comprendre facilement les lettres de nos chers missionnaires. Pour ne pas surcharger notre texte, nous indiquerons en note les missionnaires qui ont travaillé dans chaque Section, depuis 1849, époque à laquelle un status fixe fut attribué à chacun. On verra à la table l'année du décès des ouvriers que Dieu nous a enlevés.

CHAPITRE VII

LE KIANG-SOU

DIVISIONS. — Le Kiang-sou, au point de vue civil, est divisé en douze départements et soixante-sept arrondissements, dont les chefs-lieux, à l'exception de vingt et un, ont chacun leur enceinte murée (1). Au point de vue religieux, cette Province comprend dix Sections, dont 5 au sud du fleuve Bleu, une dans son estuaire et 4 sur la rive gauche (2).

SECTION DU POU-TONG. — A l'est de la rivière Hoang-pou, qui borde les Concessions de Chang-hai et le faubourg de Tong-kia-tou, s'étend une longue bande de terre alluviale, confinant vers le sud au Tché-kiang, et protégée du côté de la mer contre les ras de marée, par de hautes digues. La position de cette région, par rapport au Hoang-pou, lui a valu le nom de Pou-tong, « Est de la rivière ». Cette Section compte 9 Districts et 128 chrétientés avec 23.011 chrétiens, presque tous descendants d'anciennes familles converties par les Jésuites du XVIIe et du XVIIIe siècle. La masse de ces chrétiens, comme du reste celle des autres Sections pour lesquelles nous ne ferons pas d'observations spéciales, s'adonne à l'agriculture, et appartient à la classe moyenne des cultivateurs de la contrée. C'est-à-dire que nos chrétiens sont

1. Nous indiquerons ici ces 21 sous-préfectures, ou mieux arrondissements, dont les noms ne figurent pas sur notre carte. Celles de Chang-yuen-hien et de Kiang-ning-hien, ayant leur magistrat à Nan-king; de Ou-hien, Tchang-tcheou-hien, et Yuen-ho-hien, à Sou-tcheou-fou; de Sin-yang-hien, à Koen-chan-hien; de Tchao-wen-hien, à Tchang-chou-hien; de Tchen-che-hien, à Ou-kiang-hien; de Hoa-ting-hien et de Leou-hien, à Song-kiang-fou; de Ou-tsin-hien et de Yang-hou-hien, à Tchang-tcheou-fou; de Kin-koei-hien, à Ou-si-hien; de King-ki-hien, à I-hing-hien; de Tan-tou-hien, à Tchen-kiang-fou; de Chan-yang-hien, à Hoai-ngan-fou; de Kiang-tou-hien et de Kan-tsiuen-hien, à Yang-tcheou-fou; de Tong-chan-hien, à Siu-tcheou-fou; de Tchen-yang-hien, à Tai-tsang-tcheou. Ajoutons à ces vingt noms la préfecture de Hai-men-ting, dont le chef-lieu, emporté au dernier siècle par les érosions du fleuve Bleu, est aujourd'hui fixé dans le bourg non muré de Mao-kia-tchen.

2. Le mot Kiang-sou est composé du premier caractère des deux préfectures principales de la Province : Kiang-ning-fou (ou Nan-king) et Sou-tcheou-fou. Nos cartes portent les noms de toutes les villes murées et ceux de toutes les localités qui forment un district. Nous avons souligné les postes occupés par les missionnaires des XVIIe et XVIIIe siècles.

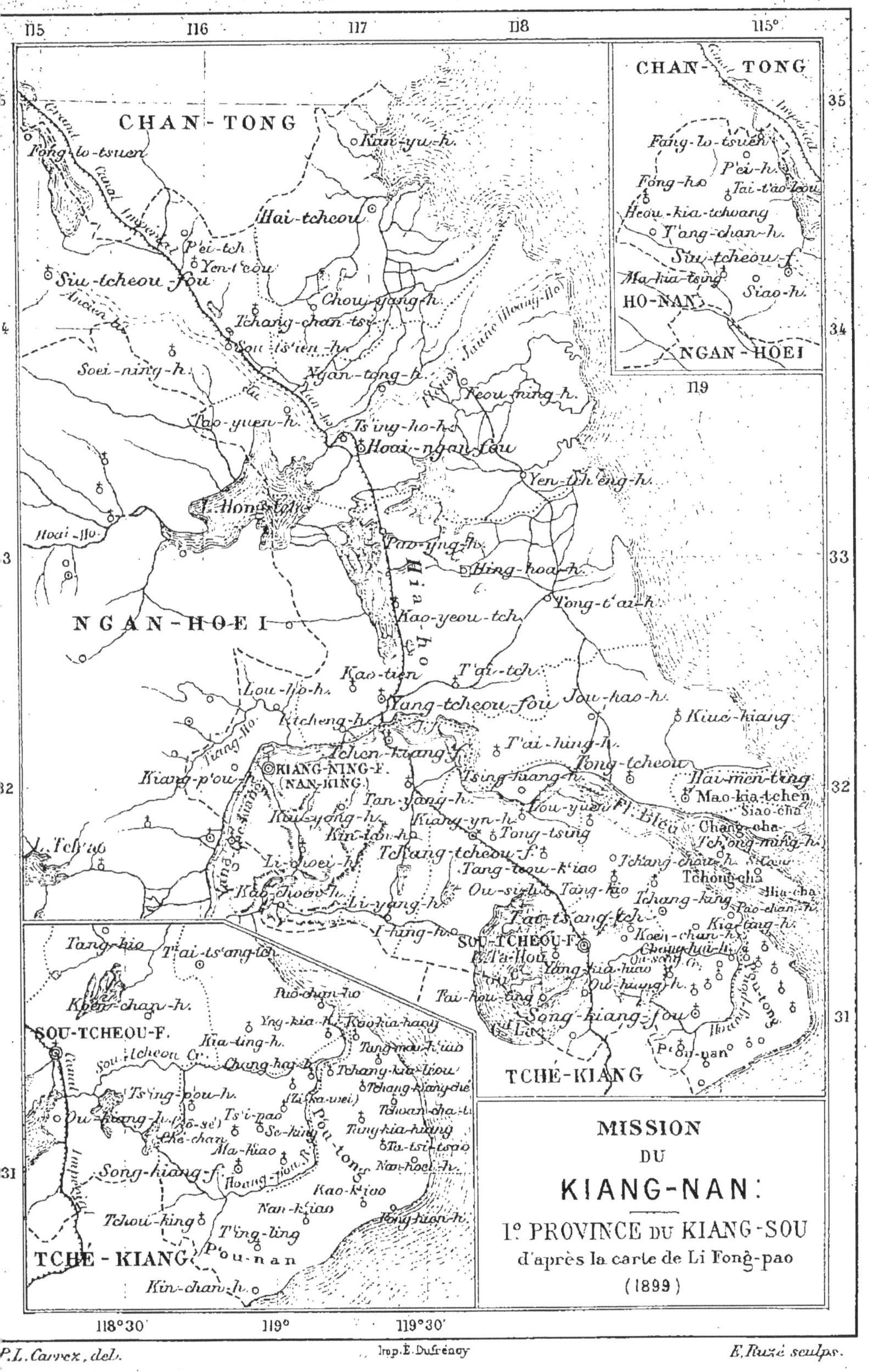

P.L. Carrez, del.
Imp. E. Dufrénoy
E. Ruzé sculps.

généralement pauvres, comme leurs voisins, les païens... Qu'est-ce en effet pour vivre qu'une dizaine de *meou* de terre, soit un peu moins d'un hectare, par famille?

INDUSTRIES. — Plusieurs familles habitant au bord de la mer joignent à la ressource de leurs champs celle de l'industrie saline. D'autres, dont le nombre va sans cesse croissant, envoient un ou plusieurs de leurs membres chercher un travail plus rémunérateur au port ou dans les usines de Chang-hai. La moralité, hélas! augmentera-t-elle avec l'aisance? Les hommes ont commencé ce mouvement : pour eux, les dangers, gros encore, étaient moindres; et puis le rude travail de portefaix auquel ils se livraient de préférence laissait peu de place à l'inconduite. Mais, dans ces dernières années, nous fûmes justement effrayés en voyant se multiplier, dans les faubourgs de Chang-hai, les filatures mécaniques. Dans ces milieux industriels, si dangereux par eux-mêmes, et rendus plus corrompus encore par l'élément païen qui y dominait, les filles, les femmes de nos chrétiens n'allaient-elles pas voir sombrer leur foi et leur vertu? D'autre part, avions-nous rigoureusement le droit d'interdire, d'une façon générale, l'entrée de ces fabriques à des pauvres auxquels s'offrait un avenir plein de promesses? La même femme qui gagnera 20 ou 30 sapèques à son rouet ou à son métier, sait qu'après quelques jours d'apprentissage, elle pourra se faire à l'usine 200 sapèques par jour, dix sous, une fortune! Quelle est donc la force humaine qui la pourra retenir? Aussi constations-nous avec tristesse que, malgré nos paternels avis, nos chrétientés du Pou-tong les plus proches de Chang-hai se vidaient de jour en jour pour fournir des « mains » aux insatiables *mills*.

OUVRIÈRES CHRÉTIENNES. — La Providence vint à notre secours de la façon la plus inespérée. Sur la rive droite du Hoang-pou, juste à la hauteur de Chang-hai, une Compagnie américaine éleva une vaste usine réclamant deux mille ouvrières. Le directeur nous proposa spontanément de lui fournir le personnel dont il avait besoin. Bien que protestant, « il savait, disait-il, que les catholiques étaient d'une autre conscience que les païens, et il regarderait comme une faveur que l'on voulût bien exaucer sa requête ». Après mûre réflexion, les Supérieurs crurent devoir accéder à cette demande : on ne pouvait arrêter le flot, du moins on l'endiguait, on le réglait, et désormais nos chrétiennes n'étaient plus excusables d'aller ailleurs se mêler à une population païenne. Grâce à Dieu, jusqu'ici, le directeur américain a tenu ses promesses, et il a su donner sa confiance, pour le représenter dans la surveillance de ses immenses ateliers, à d'excellents chrétiens qui président eux-mêmes à l'admission et au renvoi des sujets.

LES LANGUES AU KIANG-NAN. — La langue que l'on parle au Pou-tong est en général la même que celle des quatre autres Sections du Sud. C'est un dialecte, parlé il est vrai par des millions d'hommes, et dans un pays fort lettré, mais qui diffère sensiblement du mandarin, employé au nord et à l'ouest de notre Mission, comme dans la plus grande partie de la Chine, ce qui nécessite, pour les missionnaires qui voyagent un peu, l'étude de deux langues au moins. Ajouterai-je que cette difficulté ne les rebute pas trop, grâce à la mesure très sage qu'on a prise dans cette Mission, depuis un demi-siècle ? Chaque missionnaire nouvellement arrivé en Chine, quel que soit son âge, consacre une année entière à l'étude des caractères. Muni de cette clef précieuse, il lui est ensuite beaucoup plus facile d'étudier et de s'assimiler les dialectes des pays qu'il habite.

GÉNÉROSITÉ DES CHRÉTIENS. — Au Pou-tong, comme du reste dans les chrétientés situées à l'ouest de Chang-hai, les chrétiens se font un honneur et une joie de nourrir le missionnaire ; parfois même ils seraient portés à se montrer trop généreux, et le missionnaire doit veiller à ce que l'amour inné de nos bons Chinois pour la « face » et l'esprit d'émulation entre voisins ne fassent pas dégénérer ces modestes agapes en festins. Rien de plus varié suivant les lieux que le mode dont on pourvoit à ces frais : tantôt ce sont les revenus de champs offerts par quelque famille plus aisée pour l'entretien du missionnaire, tantôt c'est un impôt annuel basé sur la quantité et la qualité des terres cultivées par chaque famille, tantôt ce sont les familles les plus honorables qui se divisent entre elles les *messes* d'une année et pourvoient ainsi seules, à tour de rôle, aux frais de séjour du Père et de son personnel, catéchistes et bateliers, aux jours qui leur ont été assignés. Les chrétientés moins ferventes se reconnaissent du premier coup au désarroi de ce service matériel, mais, hâtons-nous de le dire, elles sont l'exception dans les régions que nous avons indiquées. Presque partout ailleurs, au Kiang-nan ainsi qu'au Ngan-hoei, c'est à nous de pourvoir à notre propre subsistance, car les « nouveaux chrétiens » comprennent difficilement que le prêtre peut et doit vivre de l'autel.

DISTRICTS DU POU-TONG. — Plus tard, nos lecteurs aimeront à attribuer aux Districts dont ils recevront des nouvelles la place qui leur est due dans la Mission ; nous leur en donnerons donc les noms en les désignant par la localité où se trouve l'église principale du missionnaire. Voici les noms des neuf Districts du Pou-tong : Tsang-ka-leu (mandar. Tchang-kia-leou) ; Né-ghiao (m. Nan-kiao) ; Tsang-kang-sa (Tchang-kiang-ché) ; Dang-mou-ghiao (Tang-mou-kiao) ; Tsésouo (Tchoan-cha); Dou-tsi-tsao (Ta-tsi-tsao); Kao-ka-hang (Kao-kia-hang); Kao-ghiao (Kao-kiao); Tang-ka-hang (Tang-kia-hang). Chacun de ces centres est muni d'une chapelle convenable, mais sans luxe et même sans beauté. A signaler cependant celle de Dang-mou-ghiao, gracieux monument de style gothique, élevé l'an dernier sur les plans du Fr. Beck, notre architecte, grâce aux libéralités de la famille du missionnaire.

La Section du Pou-tong, au point de vue de l'administration civile, dépend de la préfecture de Song-kiang-fou, ville importante au sud-ouest de Chang-hai. Le reste du département forme la seconde Section dont nous avons à parler (1).

2° SECTION DE SONG-KIANG. — Cette Section, appelée simplement « de Song-kiang » (vulg. Song-kang) et encore Pou-si et Pou-nan (Pou-nai), « Ouest et Sud de la rivière », contient 151 églises avec 24.865 chrétiens, répartis entre les neuf Districts suivants : Song-kiang, Se-king, Mo-ghiao (mand. Ma-kiao), Ka-ding (Kia-ting), Zo-sè (Ché-chan), Tsu-king (Tchou-king), Tsi-pao, Tsing-pou et Ding-ling (Ting-ling). Mêmes conditions sociales, même origine, même générosité chez ces chrétiens que chez ceux du Pou-tong. Notons seulement qu'ici les internats de Districts sont rares et que le travail des manufactures n'a point encore prévalu, ce dont nous sommes loin de nous plaindre.

LA COLLINE DE ZO-SÈ. — Au centre de la grande plaine de Song-kiang, fertile en coton, en colza et en riz, et à 8 lieues ouest-sud-ouest de Zi-ka-wei, surgissent quelques mamelons isolés dont l'un est un lieu de pèlerinage très fréquenté de nos chrétiens. L'histoire de cette colline appelée Zo-sè a été pieusement écrite (2). Nous ne pouvons

1. Les missionnaires du Pou-tong, durant ce demi-siècle, ont été : Les PP. Languillat (1849-1852), Rocher (1849-1850), Aug. Massa (1849-1854), Taffin (1849-1850, 1856-1857), della Corte (1850-1865, 1877-1878), Brouillon (1849), R. Massa (1849), Catte (1850 1851), Hélot (1851, 1855, 1858-1863), Plet (1852), Vuillaume (1853-1857, 1860-1862), Brueyre (1853-1857), Bourdilleau (1856), Pajot (1857-1858), Olive (1857-1862, 1869), Loriquet (1859-1861, 1874-1876), Desribes (1862-1863), Nic. Massa (1862, 1869), Femiani (1864-1866), Sica (1864-1866), Seckinger (1864), Zottoli (1866-1867), Desjacques (1866, 1870-1872), Crouillère (1866, 1879-1888), Gandar (1865-1873, 1879-1882, 1885-1888, 1895-1896), Adinolfi (1867), Bedon (1870, 1877), Sentinier (1867-1868), Palâtre (1871), Ho (M. Hia) (1872-1878, 1880-1884), Li (1872), Marchi (1872-1876, 1878-1885), Bulté (1873), J. Chevalier (1877), Riot (1882), Boulais (1883), Launay (1883-1884), Deffond (1885, 1887-1891), Sen Liang (1885-1893), Durouchoux (1886), Terrien (1886), Faipoux (1887-1890), Billot (1888), Bortolazzi (1889-1890, 1892-1897), Paris (1889, 1892-1893), Pennors (1889-1891), Puntscher (1890), A. Wang (M. Hoang) (1891-1892), Rossi (1891), S. Kiong (1891-1892), Pierre (1892, 1894-1898), Gouraud (1892-1898), Vong (M. Fong) (1893), Vieillemaringe (1894-1898), Van der Linden (1894), Léveillé (1894-1897), Platel (1895-1897), Lin (1897-1898), Bouvet (1897-1898), Louail (1898), Tobar (1898).

2. *Le Pèlerinage de Notre-Dame Auxiliatrice à Zo-sè*, Chang-hai, 1875, par le P. G. Palâtre.

ici que la résumer en peu de lignes. En 1863, la Mission avait acheté, de cette colline haute d'une centaine de mètres, le sommet avec le versant exposé au sud, et une maison y avait été bâtie comme lieu de repos pour les missionnaires fatigués. En 1867, le P. Desjaques, Ministre de la Section de Song-kiang, éleva sur la crête, et au lieu même qu'occupaient les ruines d'une antique pagode, une étroite chapelle dédiée à Notre-Dame ; on y voyait une image de Marie-Auxiliatrice et elle était surmontée d'une grande croix, dominant la plaine et les tours superstitieuses de la préfecture que l'on aperçoit au loin. Or, le 4 juillet 1870, dans l'après-midi, le P. della Corte, alors Supérieur de la Mission et Vicaire général de Mgr Languillat, lequel assistait à ce moment, à Rome, au Concile du Vatican, vint seul se prosterner en larmes aux pieds de cette image et fit cette prière à Marie : « Bonne Mère, les derniers malheurs nous menacent, nous et nos chrétiens, nous n'avons rien à espérer des hommes. Sauvez-nous par votre puissante vertu, c'est en vous seule que j'ai confiance ; si vous daignez nous protéger des coups de l'ennemi, je vous promets, par vœu, au nom de toute la Mission, d'élever ici-même un temple en votre honneur. » Le lecteur a deviné quel malheur il s'agissait de conjurer ; les odieux massacres perpétrés à Tien-tsin, le 21 juin précédent, contre des religieuses, des prêtres, des représentants officiels de la France, au nombre de vingt, et contre vingt-sept chrétiens indigènes qui subirent le même sort, n'étaient que le prélude de pareils attentats médités contre tous les étrangers et les chrétiens dispersés dans toutes les provinces.

SANCTUAIRE ET PÈLERINAGE. — Marie nous délivra de nos angoisses, et les chrétiens du Kiang-nan se montrèrent envers elle des fils reconnaissants, en concourant généreusement aux frais du sanctuaire projeté. Le Fr. Mariot fut chargé des plans et des travaux qui furent poussés avec entrain ; le terrain était aplani, au sommet de Zo-sè et tout prêt pour commencer les travaux, lorsque Mgr Languillat, de retour de Rome, bénit solennellement la première pierre de l'édifice, le 24 mai 1871. Il fallut deux ans pour mener à bonne fin cette œuvre ardue ; au mois d'avril 1873, tout était terminé : le fronton grec du temple avec son portique en colonnade auquel on accède à droite et à gauche par des escaliers grandioses, les prolongements du temple sur les deux ailes, par de vastes salles d'attente flanquées à leurs extrémités d'élégantes chapelles-kiosques, les stations du chemin de croix s'espaçant sur le long chemin qui monte en lacet depuis la résidence située à mi-côte jusqu'à l'esplanade, dite des lions, ont vraiment bel et grand air sur cette colline, où croissent, au milieu de gracieuses tiges de bambou, de jeunes chênes se mariant aux sombres sapins. Le 15 avril eut lieu la bénédiction du temple, mais son ouverture solennelle ne se fit que le 1er mai suivant, au milieu d'un immense concours. Tous admiraient la masse, la beauté de cet édifice, comme jeté dans les airs, mais cette cérémonie fut pour nos chers chrétiens, en face des païens étonnés, le sujet d'un légitime orgueil. Depuis lors, ils sont restés fidèles au sanctuaire de leur céleste protectrice, et le mois de Marie surtout y amène chaque année des milliers de pèlerins qui s'y confessent et communient.

ÉGLISES. — La Section produit surtout du riz; c'est donc au milieu des rizières, et trop souvent les pieds dans l'eau que s'élèvent nos modestes églises et nos presbytères. Au chef-lieu, Mgr Garnier, alors simple missionnaire, avait enfin obtenu, en 1871, l'emplacement ruiné de l'ancienne église de la Compagnie. On y éleva une élégante chapelle et une résidence, qui ont déjà été une fois la proie des flammes, à la suite d'une émeute sanglante organisée par les lettrés.

CHRÉTIENTÉ DE TSEU-HANG. — A son extrémité occidentale, cette Section se termine par un assez vaste lac au bord duquel se dresse une petite chapelle, aujourd'hui presque déserte. Accordons en passant une mention d'honneur à ce modeste village du Tchou-hang (vulg. Tseu-hang), car c'est lui qui jadis peupla les paroisses aujourd'hui florissantes de Tong-kia-tou et de Zi-ka-wei (1).

3e SECTION DE SOU-TCHEOU. — Avançons encore vers l'ouest; nous trouverons la Section de Sou-tcheou-fou, avec 44 chrétientés et 10.822 chrétiens. Les cinq Districts qui la composent sont ceux de Sou-tseu (mand. Sou-tcheou), de Ou-kang-yeu (Ou-kiang-hien) et Tseu-za-yeu

1. Missionnaires de la Section de Song-kiang : les PP. Gotteland (1849), Tinguy (1849-1859), Loriquet (1849-1850), Granier (1849), Gonnet (1849-1854, 1858-1863), Pacelli 1849-1850), Brouillon (1850, 1855), Roze (1851), Taffin (1851-1854), Clavelin (1851, 1854-1862), Poissemeux (1852-1853), Giaquinto (1852-1858), Catte (1852-1854, 1857), Yvetot (1853-1854), Sica (1854-1856, 1861-1863), Keller (1855), Borgniet (1855-1856), A. Massa (1855-1856), L. Massa (1858-1860), Nic. Massa (1859-1861, 1867), Rollinat (1859-1866), Bourdilleau (1859-1861), Olive (1862-1864), Royer (1863), Sédille (1864, 1879-1880), Hélot (1864-1866), Launay (1864-1866, 1881-1881), Bichon (1865-1866), Léveillé (1865-1869, 1892-1893), Adinolfi (1865-1866, 1870-1874), Desjacques (1867-1869), Crouillère (1867, 1876, 1890-1891, 1896), Jean Ho (M. Hia) (1867), Palâtre (1869-1870, 1873-1874), Garnier 1870-1873), Bedon (1871, 1876), Li (1871, 1873), Femiani (1872-1873), J.-B. Sen (1874-1875), de Prévoisin (1874-1877), Ferrand (1875-1878), Couvreur (1875, 1883, 1885-1886, 1889), Pittar (1875-1876), Platel (1876, 1878, 1884-1894), Rabouin (1877), Marchi (1877), Desribes (1878-1881), Riot (1879, 1883), F. Sen (1880-1882), Bobet (1880), Rossi (1881-1883), Chevreuil (1882), Fr. Sen (1883, 1888-1891, 1897), Fr. Kiong (1884-1887), Havret (1884), Geslin (1884-1888), Tournade (1884), S. Kiong (1884-1886), Bernier (1884-1887), Billot (1885-1887), M. Sen (1887-1892), Antoine (1888-1891, 1893-1898), Ooms (1889-1890, 1892), L. Le Cornec (1889-1892, 1894-1898), Prinzen (1890-1898), Tobar (1891-1895), P. Bouvet (1892), Zi (1893-1898), Vong (1894-1898), A. Wang (1894), Lorando (1894-1898), Lin (1894-1895), Chevalier (1896), Lemercier (1897-1898), Bortolazzi (1898), Van der Linden (1898).

(Tchen-che-hien), de Koen-sè (Koen-chan), de Tsang-kin (Tchang-king) et de Zang-zo (Tchang-chou). La préfecture de Sou-tcheou, capitale du Kiang-sou, est placée sur le fameux Canal impérial qui unit Hang-tcheou à Pé-king. C'était jadis une des cités les plus riches et les plus commerçantes de l'Empire, mais elle ne s'est point encore relevée des ruines accumulées par les rebelles « aux longs cheveux ». Outre de nombreux cultivateurs, cette Section compte plusieurs milliers de pêcheurs, organisés en congrégations, comme ceux dont nous parlerons bientôt.

Les Japonais, après leurs victoires, ont obtenu l'ouverture de Sou-tcheou au commerce étranger. Un service régulier de vapeurs par les canaux intérieurs franchit en une nuit la distance qui sépare cette ville de Chang-hai (1).

SES MARTYRS. — Au siècle dernier, Sou-tseu, nous l'avons dit, a donné à la Compagnie deux martyrs, dont la cause s'instruit en ce moment à Rome, les PP. Tristan de Athémis, Sicilien, et Antoine Henriquez, Portugais. Il y a quelques années (1876), dans des jours troublés où la superstition populaire était en proie à d'indescriptibles paniques, les païens de cette grande ville, ses mandarins eux-mêmes, firent retomber sur quelques chrétiens pauvres et simples la cause de ces frayeurs diaboliques, et plusieurs de nos bons pêcheurs payèrent de leur tête le crime supposé d'avoir fabriqué « des images en papier » pour « couper les queues (tresses) du peuple » et troubler la paix publique... Telles sont, en effet, les rumeurs ridicules et odieuses que les lettrés font, entre autres, courir au sujet des gens de bien, quand ils veulent préparer quelque mauvais coup.

4° SECTION DE TCHANG-TCHEOU-FOU (vulg. TSANG-TSEU-FOU). — Le centre religieux de cette Section, situé aux portes de la sous-préfecture de Ou-si, se trouve, comme Sou-tcheou et la préfecture de Tchang-tcheou elle-même, située sur le Canal impérial. La Section compte 12.253 chrétiens répartis entre 66 chrétientés et en 5 Districts, ceux de Ou-si, Dang-deu-ghiao (mand. Tang-teou-kiao), Lo-yeu (Lou-yuen) et Tsing-kiang, Kiang-yn et Gni-hing (mand. I-hing).

1. Missionnaires de la Section de Sou-tcheou : Les PP. Sica (1849-1850, 1876), N. Massa (1853), Leduc (1858-1860), Vuillaume (1858-1859), Tinguy (1860-1861), Clavelin (1858-1862), Sentinier (1863-1866), Ravary (1866-1867), Bichon (1867-1878), Couvreur (1868-1870, 1877-1878), Vasseur (1869), Zottoli (1871), Colombel (1872), Léveillé (1872, 1898), della Corte (1874-1876), Bernier (1876-1877, 1897-1898), Cordier (1878-1879), Platel (1879-1883), Fr. Kiong (1879-1880), Fr. Sen (1879-1882, 1893-1896), Sen Liang (1880), F. Sen (1883-1887), Rossi (1884-1889), Launay (1885), Tobar (1886-1887), Ho (1886), A. Wang (1887-1888), Ét. Wang (1888), Pennors (1888), Crouillère (1889), Lin (1889-1892), Paris (1890-1891), Deffond (1892-1898).

Les chrétientés de Ou-si et de Kiang-yn, administrées jadis par des Jésuites de la Mission française, demeurèrent plus longtemps que les autres aux soins des Lazaristes français du Vicariat de Tché-kiang, qui leur avaient succédé. Ce n'est qu'en 1849 que nos Pères de la nouvelle Mission reçurent ce dépôt des mains de ces derniers.

NOS PÊCHEURS. — La profession de pêcheurs domine dans notre population chrétienne. Rien de plus simple, rien de plus consolant pour le missionnaire que ce bon peuple de grands enfants, auxquels il nous a fallu imposer des lois somptuaires pour les préserver de ruineuses dépenses. Autrefois, un mariage, un enterrement, devenaient pour ces bonnes familles une occasion de ruine; la fréquentation des cabarets restait pour nos braves pêcheurs un péril et une source de désordre. Aujourd'hui, grâce aux règlements draconiens qui les protègent contre leur faiblesse, nos chrétiens de barques jouissent d'une médiocrité relative de fortune et gardent une pureté de mœurs exceptionnelle. A terre, ils ne connaissent, en dehors de leur barque, d'autre chemin que celui de l'église, d'autre ami que le missionnaire. Chez eux, le respect humain est inconnu; le soir, après une fatigante journée, plusieurs barques se réunissent dans quelque station des canaux et l'on entend ces bonnes gens chanter à haute voix leurs prières. Ils sont fidèles au repos du dimanche, au rendez-vous du Père, assidus à la pratique des sacrements, et généreux dans leurs dons.

ÉPREUVES, CONVERSIONS. — L'église de Ou-si et celles des campagnes voisines ont connu de mauvais jours; en 1876, elles ont fourni des victimes aux mandarins de Sou-tseu; elles ont été incendiées en 1891, après celles de Ou-hou, et bien des fois le démon a soufflé contre nos chrétiens des persécutions plus ou moins déguisées. En même temps toutefois, le diable, sans le vouloir, nous a donné là plus d'une âme : un bon nombre de familles de cultivateurs nouvellement converties sont venues à nous à la suite de cas de possessions ou d'obsessions démoniaques. Quelqu'une de ces pauvres créatures, homme ou femme, tourmentée par l'esprit impur, recourait-elle de bonne foi à nos vierges apostoliques, elle se voyait presque toujours délivrée par les prières ou les aspersions de ces nouvelles exorcistes. Aujourd'hui encore, de tels cas ne sont pas rares et forment une proportion importante parmi les 2.058 catéchumènes et les 129 baptêmes d'adultes que compte cette année la Section (1).

1. Les trois Sections précédentes, frappées, semble-t-il, de stérilité pour avoir abusé de la grâce, ne comptent respectivement que 71, 53 et 59 catéchumènes avec 33, 22 et 9 baptêmes d'adultes. Qu'est-ce que cela pour les 58.698 chrétiens et pour les millions de païens qui vivent dans la grande plaine, de la mer à Sou-tcheou?

MŒURS. — La population terrestre d'une partie de cette Section est très mélangée; vers les bords du fleuve, le caractère de ces habitants est difficile et turbulent; les mœurs laissent à désirer. C'est ainsi que, dans les campagnes, les cultivateurs travaillent complètement nus durant les chaleurs d'été. A Chang-hai, ce sont plutôt les femmes qui, à la même époque, donnent, dans les campagnes, des exemples d'une tenue peu modeste. Au nord du fleuve, ce sont les enfants des deux sexes, souvent, pour les garçons, jusqu'à un âge avancé. La pauvreté, la grossièreté, peuvent en partie excuser ces excès et l'habitude peut en atténuer l'influence; mais, puisque l'occasion s'en présente, affirmons que, chez un peuple païen, quelles que soient en principe l'apparente gravité et la modération qui président aux mauvaises passions, il est nécessaire que les jeunes cœurs ne soient pas souillés par des spectacles qui s'imposent à eux et qu'ils devraient ignorer. Grâce à Dieu, la race chinoise est très supérieure à la race japonaise au point de vue des mœurs extérieures et cependant nous estimons rare en Chine le fait d'une âme restée chaste jusqu'à l'âge adulte (1).

5° SECTION DÉ NAN-KING. — La Section de Kiang-ning-fou, autre nom de Nan-king, marque, au sud du fleuve, la limite occidentale du Kiang-sou. Nan-king, « la Cour du Sud », servit de résidence aux empereurs de nombreuses dynasties; ses murailles sont immenses, et sa position sur le fleuve, navigable jusque-là aux navires du plus fort tonnage, est splendide pour une capitale, comparée à celle de Pé-king. Malheureusement, comme toutes les anciennes capitales de la Chine, la ville de Nan-king n'offre plus que des ruines, en fait de monuments antiques; et encore, les vandales que nous avons sous les yeux se hâtent-ils de faire disparaître ces ruines, souvent grandioses et très intéressantes au point de vue archéologique, pour les convertir par exemple en dalles d'égout (2).

LA CAPITALE. — La chrétienté de Nan-king n'a pas subi moins de vicissitudes que la ville matérielle. Depuis trois siècles, les persécutions

1. Missionnaires de la Section de Tchang-tcheou-fou : Les PP. R. Massa (1851-1853), Sica (1852-1853), Sentinier (1853-1866), Clavelin (1854-1862), Desribes (1860), Hélot (1867), Royer (1867-1869, 1871-1878, 1880), Ravary (1868-1870), Fr. Sen (1873-1878, 1884-1887, 1892), Debrix (1873-1876), della Corte (1874-1876), Crouillère (1877-1878), Tschepe (1878-1898), Colombel (1879-1880), Terrien (1879-1885), Ho (1879), Cordier (1880-1891), Puntscher (1881), Fr. Kiong (1881-1883, 1888-1889, 1891-1898), Androuard (1881-1882), Bernier (1882-1883), Vong (1883-1884, 1887-1892), F. Sen (1888-1898), Tobar (1890), Ravary (1891), Pétillon (1892), Faipoux (1892-1898), Rossi (1893-1894), Chauvin (1896-1897), Ooms (1898).

2. Un de nos missionnaires, qui a beaucoup étudié la vieille capitale, se propose de faire paraître bientôt, dans les *Variétés sinologiques*, le résultat de ses recherches.

ont abondé dans cette métropole, capitale de trois Provinces, siège d'un vice-roi et de nombreux prétoires. Je crois pouvoir affirmer qu'aucune chrétienté de la Chine n'a été aussi fréquemment éprouvée. Les récits des anciens missionnaires nous l'ont montrée sans cesse troublée par les menées hostiles de lettrés ennemis du christianisme; ses églises sont fermées ou confisquées; ses chrétiens emprisonnés et suppliciés; ses missionnaires battus et exilés. Les rebelles « à la longue chevelure » portèrent à cette Église, en 1853, un dernier coup dont elle s'est remise péniblement. Quant à l'édifice matériel appartenant aux anciens Jésuites, il avait été démoli par le gouvernement en 1847, pour en rendre la restitution impossible. On se servit alors, pour le culte, d'une très modeste chapelle, située dans le voisinage de l'ancienne église; et, en 1867, on éleva au même lieu une résidence assez vaste. Ce n'est qu'en 1886 qu'on put entreprendre la construction d'une église nouvelle; elle fut dédiée à Marie Immaculée et bénite le 12 janvier 1888.

RENTRÉE A NAN-KING (1). — La première trace d'un status fixe que nous trouvions dans nos Catalogues de la nouvelle Mission, pour la ville de Nan-king, est la mention suivante, de 1851 : *P. Aloys. Sica, Mission. in distr. ad Nankinum.* En réalité, ce ne fut encore que l'indication d'une espérance, d'un acheminement vers Nan-king. Deux ans plus tard, cette indication est marquée plus nettement par cette formule : *Missio occidentalis. PP. Ren. MASSA, etc. Miss. in. distr. Ou-si, ad Nankinum, in Ngan-hoei et ad infid.* La ville de Ou-si, comme plus tard celle de Sou-tseu, servait d'avant-poste pour la conquête projetée de la partie occidentale de la Mission. De fait, ce n'est qu'en 1866 qu'un missionnaire, le P. Adrien de Carrère, occupa la capitale effectivement et d'une façon permanente : il n'avait fallu rien moins que l'indomptable énergie de ce Père, pour triompher des oppositions de Li Hong-tchang.

LES DISTRICTS. — Cette Section comprend quatre Districts : ceux de Tchen-kiang, où réside d'ordinaire le Ministre, de Nan-king, de Li-choei et de Tan-yang. Tchen-kiang, située au point de rencontre du fleuve Bleu et du Grand canal, est une ville très commerçante, où nous possédons quelques immeubles de revenus, c'est un des ports ouverts au commerce européen; mais la petite colonie étrangère ne compte guère que des protestants.

1. Nan-king et les chrétientés plus éloignées du Kiang-sou et du Ngan-hoei, connues alors sous le nom de Mission occidentale, furent, jusqu'en 1849, confiées à des prêtres auxiliaires. Ainsi, Mgr de Besi envoya un Père Franciscain, Pierre de Lucques, à Nan-king; un prêtre de la Sainte-Famille, M. Dracopoli, et un autre Franciscain, le P. Séraphin Carlozzi, étaient vers le même temps au Sou-tcheou-fou.

Li-choei, sous-préfecture récemment ouverte aux missionnaires, après des combats de toutes sortes, promet d'être plus fertile que les cités voisines. Tan-yang, brûlée en 1891, possède, avec quelques chrétientés voisines, la plupart des fidèles de la Section. Il y a en tout, dans celle-ci, 1.381 chrétiens, avec 18 chapelles ; la Section a eu cette année 240 catéchumènes et 21 baptêmes d'adultes. Somme toute, par un juste jugement de Dieu, ce sol arrosé de tant de sueurs a toujours été et reste particulièrement ingrat. Il avait reçu jadis, de la bouche de moines Nestoriens, la prédication évangélique, et plusieurs temples de ce culte s'élevaient sur ce territoire à l'époque du moyen âge (1).

6° SECTION DE TSONG-MING. — L'histoire de cette île, formée dans l'embouchure du Yang-tse-kiang, des alluvions de ce grand fleuve, a été écrite ailleurs, ainsi que l'origine de ses chrétientés, fondées au XVIIe siècle par le médecin Siu Ki-yuen (2). Cette île, à laquelle le flot fait subir d'incessantes mutations, et dont la sous-préfecture doit battre périodiquement en retraite, suivant les déplacements de l'arrondissement voyageur, est excessivement peuplée et pauvre à l'excès. Nous possédons là, vivant de quelques parcelles absolument insuffisantes de champs, une population de 9.731 chrétiens, répartis entre 59 chrétientés administrées par 5 Pères ayant respectivement les Districts de la paroisse (Kong-souo, Kong-sou) centrale ; de Zang-so (mand. Chang-cha) « Ile supérieure », de Ho-so (m. Hia-cha) « Ile inférieure » orientale, de Ho-so occidentale et de Tsong-so (m. Tchong-cha) « Ile moyenne ».

ORPHELINATS. — Depuis quelques années, la misère a été bonne conseillère à la population païenne de cette île ; nous comptions cette année 2.110 catéchumènes, et il y a eu 284 baptêmes d'adultes. Du reste, les chrétiens sont simples et dociles ; dans leurs rangs entre, et dans une proportion absolument inconnue dans les autres Sections, — celle de Hai-men seule exceptée — un élément dont nous n'avons

1. Voici les noms des missionnaires qui se sont succédé dans cette Section : Les PP. de Carrère (1866-1868), Seckinger (1867-1869, 1872, 1877), Le Lec (1868-1873, 1878-1880), Sentinier (1869), Heude (1869, 1871), Olive (1870), Colombel (1870-1871, 1878, 1885-1888), Pfister (1870), Royer (1870, 1881-1882), Ferrand (1870-1871), Nic. Massa (1870-1876), Ravary (1871-1873, 1875), Bies (1871-1873), M. Sen (1871-1973), André (1872-1873), Couvreur (1872, 1884, 1887), Bedon (1872-1873), Sen Liang (1872-1873), Audrain (1873), Grillo (1873), Garnier (1874-1875), Joret (1874, 1898), du Fort (1873), Léveillé (1874-1877, 1891), Launay (1878-1880), J. Chevalier (1879-1898), Vong (1885-1886), Simon (1889-1897), Pennors (1892-1897).

N. B. — De 1869 à 1873, nos Catalogues portent, sous l'unique rubrique de Nanking, etc., des Pères répandus dans plusieurs postes à l'ouest et au nord de la capitale.

2. *L'Ile de Tsong-ming*, n° 1 des *Variétés sinologiques*.

pas encore parlé. L'on a dit, et avec raison, que cette île de Tsong-ming était « le paradis de la Sainte-Enfance ». Depuis un demi-siècle, la pauvreté de ses habitants et l'instinct de la conservation de leurs enfants (1) ont forcé ces pauvres gens à nous confier les enfants qu'ils ne peuvent nourrir. Cette année, la Mission a reçu 6.263 orphelins des deux sexes, environ un garçon seulement contre quatre filles. Sur ce nombre, la moitié environ nous a été donnée par ces pauvres païens de Tsong-ming. Une seule paroisse, le Kong-sou central, en voit entrer chaque jour cinq ou six dans ses salles tenues par les Présentandines, venus de 12 à 15 kilomètres à la ronde. Ceux de ces petits êtres qui n'ont pas trop souffert dans le sein de leur mère ou depuis, et que l'on a quelque espoir de sauver, sont confiés à des nourrices. Malgré tous nos soins, un bien petit nombre échappe à la mort. Quand les frêles créatures sont sauvées, elles rentrent dans nos orphelinats; mais elles n'y restent pas longtemps : nos bons chrétiens tiennent à honneur d'avoir et de nourrir chez eux une adoptée de la Sainte-Enfance, que dans leur langage dépourvu d'artifices, ils appellent *Ya-mi-long* « enfant sauvage ». Celle-ci, comme ses sœurs d'adoption, sera libre de rester vierge ou de se marier ; elle recevra sa part du maigre patrimoine, quelques « pas » de terre, pour y cultiver du coton ; et devenue grande, souvent elle adoptera une autre Ya-mi-long. Parmi nos 9.731 chrétiens, mille environ n'ont point d'autre origine (2).

7° SECTION DE HAI-MEN. — La Section de Hai-men, territoire situé au nord de Tsong-ming, à l'extrémité de la rive gauche du Kiang, est composée, pour la plus grande partie, de colons venus de l'île depuis un siècle, ce qui leur a valu, ainsi qu'à leurs congénères païens,

1. A ce point de vue, le peuple ignorant et grossier de Tsong-ming l'emporte infiniment sur la race soi-disant perfectionnée de Chang-hai. Cette ville, repaire de toutes les corruptions, dont la population dépasse sans doute aujourd'hui 500.000 habitants, envoie maintenant beaucoup moins d'enfants qu'autrefois à nos orphelinats. On tue ces pauvres petites créatures : c'est beaucoup plus simple... et plus civilisé.

2. Tsong-ming a eu pour missionnaires les PP. Vuilbert (1849), Clavelin (1849), Borgniet (1850), Werner (1851-1854), Vuillaume (1851-1852), Pajot (1853), Loriquet (1854-1857, 1866-1868), Léveillé (1858, 1870-1871, 1873), Laimé (1860), Chevreuil (1862), Bourdilleau (1862-1871), Pingrenon (1855-1861), Andrieux (1863), Bulté (1865-1866), Ferrand (1867, 1872-1874), Crouillère (1868-1874), Guibout (1869), Ho (1869-1870, 1885), Zen (Tchen) (1870-1871, 1881-1883), J.-B. Sen (1871-1873, 1875-1877), Fr. Sen (1872), Desribes (1872), Rossi (1873-1875, 1877-1880), Launay (1875-1876), J. Chevalier (1875), Bobet (1876-1878, 1881, 1884-1887), Bernier (1879-1881), Colombel (1882-1883), Puntscher (1882), Sen Liang (1883-1884), A. Moreau (1884), Vénel (1886), Speranza (1886-1894), Le Chevallier (1887-1888, 1890-1898), Gouraud (1888-1891), Vieillemaringe (1889-1890, 1992-1893), Storr (1892, 1894-1895), Lin (1893), Pétillon (1893), de la Sayette (1894), L. Bouvet (1894-1895), Tsang (Tchang) (1895-1898), Platel (1898).

N. B. — De 1869 à 1873, les Catalogues ne distinguent pas les Missionnaires de Tsong-ming de ceux de Hai-men.

de la part des anciens aborigènes du continent, le nom légèrement méprisant de *So-di-gnen*, « hommes des îles ou des sables ».

HOMMES DES SABLES. — Même simplicité que chez nos insulaires, leurs ancêtres ou alliés, avec lesquels du reste ils gardent d'étroits rapports, notamment au moyen des registres de famille, *Kia-pou*, fréquemment mis à jour. Même culte généreux pour les *Ya-mi-long*, mais moins de pauvreté. Les territoires de Hai-men, formés des troubles du Kiang, et conquis récemment sur la mer, ont coûté de rudes labeurs aux travailleurs venus de Tsong-ming ; mais aujourd'hui, ces vastes terrains mis en culture donnent une aisance relative à leurs propriétaires. A signaler, à l'extrémité de la presqu'île, le sanctuaire de Mou-yeu-dang, pèlerinage très fréquenté de nos chrétiens, élevé à la suite d'un vœu fait pour protéger ce territoire contre les érosions du fleuve.

KIANG-PÉ-JEN. — A côté de cette race des « sables », mais sans se mêler à elle, nous trouvons vers le nord-est de la presqu'île de Hai-men, celle des *Kiang-pé-jen*, « habitants du nord du fleuve », peuple industrieux, remuant, très superstitieux, et à ces différents points de vue, aux antipodes de *So-di-gnen*. Les mœurs, les costumes, les langues surtout de ces deux peuples sont différents, et ce n'est qu'après bien des luttes, que nous avons pu enfin implanter la foi sur quelques points du territoire de ces « hommes du nord ». Trois des sept Districts composant la Section s'occupent de ces paroissiens difficiles : ceux de Jou-kao, de Tong-tcheou et de Kiué-kiang (vulg. Kieu-kang). Les quatre autres sont exclusivement composés de *So-di-gnen*, à savoir ceux de Sia-so « petites îles », Zang-so, Ho-so et Tsong-so. La Section comptait cette année 10.329 chrétiens, 1.079 catéchumènes, 86 chrétientés; on y a administré le baptême à 130 adultes (1).

8° SECTIONS DE YANG-TCHEOU ET DE HOAI-NGAN-FOU. — Ces deux grandes préfectures, situées juste au nord de Tchen-kiang, et placées sur les bords du Canal impérial, étaient, dès le commencement

1. Voici la série des missionnaires qui se sont succédé à Hai-men : PP. Borgniet (1849), Werner (1849-1850), Lemaître (1851), Brueyre (1852-1854), Pajot (1854-1856), Nic. Massa (1856), de Carrère (1857-1865), Ravary (1858), Léveillé (1859-1862, 1878-1886), Sédille (1865), Bourdilleau (1866-1871), Ferrand (1866, 1874), Launay (1867, 1875-1877), Vasseur (1868), Crouillère (1872-1874), Twrdy (1874), Pfister (1875-1876), Rossi (1876, 1878-1880), Tschepe (1877), Zen (1878-1880), Bobet (1881-1883), Zi (Siu) (1883-1885), Colombel (1884), Beaugendre (1884-1894), Havret (1885-1888), Prinzen (1886-1889), Gain (1886-1887), Ét. Wang (1886-1887), Durouchoux (1887-1888), Vénel (1888-1898), Boulais (1888-1894), Geslin (1889-1898), Billot (1889), Le Gall (1889), Speranza (1890-1898), Boucher (1890), Pierre (1891), La Rivière (1891-1895), Lévêque (1892), A. Wang (1893), Ooms (1894-1897), Sen Liang (1894-1896), de la Sayette (1895-1898), Bichon (1896-1898), Pétillon (1897-1898), Pennors (1897-1898), Bondon (1898).

du XVIIe siècle, les centres d'importantes chrétientés. Les malheurs de l'Église de Chine, à partir du règne de Yong-tcheng, leur ont porté un coup dont elles ne se sont jamais relevées, malgré les efforts persévérants, les sacrifices en hommes et en argent, que la Mission s'est imposés en leur faveur. Qu'est-ce, en effet, que 1.185 chrétiens répartis en 24 chrétientés; qu'est-ce que 240 catéchumènes et 15 baptêmes d'adultes, comparés à de tels précédents, à de tels travaux, à de tels espaces?

STÉRILITÉ. — Seule, l'Œuvre de la Sainte-Enfance a eu quelques succès dans cette contrée, notamment à Yang-tcheou, où nous avons pu entretenir jusqu'à 200 nourrices. Malgré la désolante stérilité de cette Section, les missionnaires ne se découragent pas; cinq d'entre eux continuent à lui prodiguer leurs soins dans les Districts de Yang-tcheou, Kan-tsiuen-hien, Kao-yeou-tcheou, Pao-yng-hien, Tai-tcheou et Hoai-ngan. Détail curieux, c'est à Yang-tcheou, dans cette ville que d'anciens voyageurs nous représentent comme la patrie des femmes galantes de Chine, que les filles européennes ou américaines, incorporées à la Société du *China Inland Mission*, de H. Taylor, font leur théologie et se préparent aux labeurs de l'apostolat. Rien de plus hardi, rien aussi de plus compromettant... et parfois de plus compromis que ces missionnaires *Female* qui, bientôt seules ou chaperonnées par quelque *Gentleman* de la même Société, vont gagner leur poste lointain, au fond d'une barque indigène, ou sur le pont d'un steamer du Kiang (1).

9° et 10° SECTIONS DE SIU-TCHEOU-FOU. — Sections de Siu-tcheou-fou oriental et occidental. — Nous réunissons ici ces deux Sections dont la division ne date que du mois d'août dernier. Cette préfecture, située au nord des deux précédentes, s'étend jusqu'aux limites du Chan-tong méridional, administré par Mgr Anzer et ses missionnaires allemands. Elle occupe l'ancien emplacement du fleuve Jaune et comprend aujourd'hui les huit Districts suivants : Tong-chan-hien, Sou-tsien-hien, Yen-teou et Pei-tcheou, Soei-ning-hien, Fong-hien, Tang-chan-hien, Siao-hien et Pei-hien. Elle a 139 chrétientés avec

1. Le premier orphelinat chrétien établi à Yang-tcheou fournit aux mandarins et à la populace, en août 1868, le prétexte d'une émeute comme la Chine en a tant vu dans la suite. Yang-tcheou dépendait alors de la Section dite de Nan-king, puis de Ou-ho, etc. Missionnaires du territoire actuel de Yang-tcheou : PP. Gandar (1875-1878, 1889-1894), Grillo (1874), Durandière (1876, 1878-1882, 1888-1898), Riot (1877), Launay (1878), J. Chevalier (1879-1884), Bulté (1879), Guittard (1882-1887), André (1883-1887), Gain (1883-1884), Debesse (1885-1890, 1892-1898), Léveillé (1888-1890), Couvreur (1890-1891, 1893), Crochet (1894-1898), A. Wang (1895-1898), Van Dosselaere (1895).

2.229 chrétiens et 17.410 catéchumènes ; cette année, 625 adultes, chefs de familles, ont été baptisés. Le nombre des néophytes eût été bien plus grand si, dès le milieu de l'année apostolique, c'est-à-dire au mois de janvier, les missionnaires de cette magnifique Section n'eussent été obligés, faute de ressources, de fermer leurs écoles et leurs catéchuménats. Quel crève-cœur ce fut pour eux ! Mais la dette était là, menaçante, et notre premier devoir est de ne pas compromettre le bien déjà fait, en tentant la Providence.

CARACTÈRE. — Un mot sur l'histoire, très moderne et digne des premiers âges, de cette Section de Siu-tcheou-fou. Sa population païenne est immense ; sur cette grande plaine de sable vivent des millions de Chinois bien différents de la race paisible de Chang-hai. Le Siu-tcheou-fou rappelle par le caractère rude et courageux, souvent barbare de ses habitants, nos ancêtres du moyen âge : ses villages sont des enceintes entourées de fossés (*Wei-tse*) ; les maisons de ses seigneurs sont des castels flanqués de bastions, défendus par des canons et des fusils ; et ceux qui sortent ont soin de se munir tout au moins d'une lance. La lutte à main armée est très fréquente dans ces régions belliqueuses ; on s'y bat de village à village, de clan à clan, d'arrondissement à arrondissement, quelquefois de province à province ; et souvent ces joûtes finissent d'une façon tragique. Ces dernières années ont été très troublées par les incursions de nos voisins du Chan-tong, dont les bandes, appartenant aux *Ta-tao-hoei*, « Compagnons du grand couteau », les mêmes qui ont assassiné deux missionnaires allemands avec la connivence des mandarins, sont venues porter la guerre sur les limites du Siu-tcheou-fou. Joignez à ces différents corps de belligérants les professionnels du brigandage, et vous aurez une idée exacte de notre position au Siu-tcheou-fou.

CRIMINALITÉ. — Voici du reste des chiffres qui donnent une idée assez exacte des mœurs de ce département. En avril dernier, le Père Ministre de Siu-tcheou-fou, au cours d'une conversation avec le préfet, échangea avec lui ce dialogue qu'il nous a transmis. « Lorsqu'un coupable est entré dans la prison des condamnés à mort, peut-il jamais en sortir ? — Jamais ! — Et combien en recevez-vous par an, dans la prison centrale du chef-lieu du département ? — Plus de trois cents. — Et c'est vous qui êtes chargé de couper la tête à tous ces brigands ? — Oh ! j'ai au plus l'exécution matérielle de la sentence. Voici comment : la plupart des condamnés, au moins les deux tiers, meurent de misère dans leur prison ; ce qui n'empêche pas qu'avant de jeter leur corps au cloaque, on en sépare la tête pour l'exposer au lieu de leurs crimes. »

PREMIER ÉTABLISSEMENT. — Il y a vingt ans, cette préfecture ne comptait aucun chrétien, aucune chapelle, toute trace des établissements des anciens missionnaires avait disparu. Le P. Léopold Gain fut chargé d'y faire les premières reconnaissances et d'étudier le terrain; pendant plusieurs années, il traversa le département dans tous les sens, n'ayant pendant de longs mois d'autres logements que les auberges, d'autre conversation qu'avec les Chinois païens, à demi barbares. Dieu sembla vouloir récompenser enfin les travaux de son précurseur ; il put acheter dans la préfecture même une modeste maison... Il venait d'en prendre possession le 10 octobre 1884, en la fête de Saint François de Borgia, avec le P. Durandière, son Ministre, lorsqu'une troupe de lettrés réunis alors pour les examens se présenta à la maison des Pères, en commanda méthodiquement le pillage, et froidement enjoignit à ceux-ci de déguerpir au plus vite. Leur bande était menaçante; les émeutiers, munis de pierres, étaient prêts à lapider les missionnaires s'ils n'obéissaient sur-le-champ. Depuis ce fait, il fallut de longues années au protectorat français pour nous réintégrer dans notre honneur, comme dans notre immeuble. Enfin, nous sommes rentrés dans la préfecture, le 29 juin 1896, et j'ai dit tout à l'heure les développements inespérés qu'a pris le christianisme dans ce pays nouveau.

PRÉCAUTIONS. — Presque toutes nos chapelles ont eu cependant leurs épreuves : on ne compte plus les surprises nocturnes, où des brigands masqués sont venus assaillir et battre tel ou tel missionnaire, pour lui arracher son trésor supposé, ni les incendies d'écoles, de résidences... En 1896, par exemple, les PP. Gain et Thomas ont eu leurs centres dévastés et plus de vingt chrétientés ont été détruites par les bandes du « Grand couteau ». Grâce à Dieu, les vies sont restées sauves, mais le métier est dangereux et... trop dispendieux; c'était toujours à recommencer. Les mandarins eux-mêmes nous conseillèrent de nous installer dans les villes où l'on est plus à l'abri des coups de main; nous profitâmes de cette bonne volonté, intéressée, pour entrer dans plusieurs cités; ce qui ne nous empêcha pas de continuer à habiter les campagnes, où se trouvent surtout nos ouailles. De guerre lasse, les mandarins laissèrent faire, tout en nous recommandant de nous fortifier dans nos castels, comme les gens influents du pays. Le conseil était sage et, depuis lors, nous avons dans nos centres principaux, nos tours et nos créneaux, nos veilleurs et notre artillerie !

BESOINS. — Mais ces installations coûtent cher, très cher, et il nous faut absolument compter sur la charité de nos bienfaiteurs d'Europe pour créer ces établissements indispensables à la stabilité, à la sécurité de nos œuvres. Sait-on qu'une seule de ces maisons revient au moins à 10.000 francs? et certes il n'y règne aucun luxe. — Que dire encore des frais de catéchistes pour l'instruction des catéchumènes ? Il en faudrait au bas mot dix pour chaque Père du Siu-tcheou-fou; les frais de chacun ne reviennent, il est vrai, qu'à 200 fr. environ par an, mais où le missionnaire trouvera-t-il 2.000 francs, où le Ministre de la Section en trouvera-t-il 20.000? Hélas! on ne les trouve pas, et c'est pour cela que, cette année encore, faute de catéchistes et de préparation suffisante, des centaines de catéchumènes de bonne volonté ont dû être ajournés pour le baptême. Dieu sait pourtant si ces retards, trop prolongés, trop multipliés, sont nuisibles à la persévérance d'un peuple si nouveau dans la foi (1) !

CATÉCHUMÈNES. — On lira avec intérêt une lettre que m'écrivait le 27 septembre dernier, un des Pères de Siu-tcheou-fou; car c'est là qu'aujourd'hui sont nos plus belles espérances, et les détails qui vont suivre initieront nos bienfaiteurs à une œuvre si difficile et si consolante entre toutes. « Vous désirez quelques renseignements sur les catéchistes et les catéchumènes. Je puis vous en donner sur ceux du Siu-tcheou-fou. »

NOMBRE. — « Pour le nombre des catéchumènes, c'est le Siu-tcheou-fou qui a la palme, sans contredit; voyez plutôt le compte-rendu : Père Ministre (L. Gain), 2.575; P. Doré, 3.244; P. Thomas, 1.808; P. Van Dosselaere, 5.460; P. Le Biboul, 2.721. Voilà pour l'ouest de la Section. L'est vient de se former en nouvelle Section avec les PP. Boucher, Le Bayon, Crochet : c'est que, là aussi, les Pères étaient débordés. Total pour le Siu-tcheou-fou : 17.410. Et ce chiffre n'est pas exagéré. Rappelez-vous, mon Révérend Père, ce que vous disait l'année dernière le Révérend Père Supérieur, à son retour du Siu-tcheou-fou, en vous parlant des catéchumènes; je me rappelle encore ses paroles : « Les Pères auraient certainement pu inscrire un chiffre « double. »

PRÉLIMINAIRES. — « Et pourtant vous savez notre manière de procéder? Nous n'acceptons pas de familles isolées. Quiconque veut se faire chrétien doit amener au moins vingt familles et vingt familles du même village. C'est que les Pères sont débordés, et puisqu'ils n'ont

1. Missionnaires de la Section de Siu-tcheou-fou : Les PP. Durandière (1884-1894), Gain (1885, 1888-1898), Boucher (1892-1898), Perrin (1894-1895), Thomas (1894-1898), Hirgair (1894-1896), Scherer (1895), Le Biboul (1896-1898), Doré (1897-1898), Van Dosselaere (1897-1898), L. Le Bayon (1898).

que la difficulté du choix, ils choisissent ceux-là qui leur donnent le plus de garanties. C'est au village de fournir lui-même la salle d'école. Celle-ci préparée, le Père donne un catéchiste qui, pendant le jour, enseigne les prières et la doctrine aux enfants et, le soir, aux grandes personnes. Quand ils savent les « dix prières », alors seulement ils ont le droit de se dire chrétiens et de venir le dimanche à l'église. Au bout d'un an et demi, deux ans, s'ils en sont vraiment dignes, on leur permet de venir au catéchuménat.

CATÉCHUMÉNAT. — « Il y a trois ou quatre ans, le catéchuménat durait un mois, et plusieurs y revenaient à différentes reprises. De plus, le dimanche, on donnait un repas à ceux qui venaient à la messe. Depuis plus d'un an, on a supprimé ce repas et ils viennent aussi nombreux que par le passé, et cela dès la veille et beaucoup de fort loin.

« Actuellement, au Siu-tcheou-fou, le catéchuménat est une préparation immédiate au baptême, à la confession et à la cemmunion, une retraite, si vous le voulez, pendant laquelle le Père examine et fait force catéchismes, surtout sur la confession et la communion. Le reste a dû être appris déjà.

« Pour mieux les préparer, les Pères n'admettent jamais plus de quinze à vingt hommes en même temps, et chez les vierges quinze à vingt femmes. Grâce à ce système, ils sont véritablement bien préparés au baptême.

« Ils sont donc assez peu nombreux en même temps, c'est vrai ; mais ces bandes se succèdent tous les dix jours, tous les quinze jours, un peu plus rarement pour les femmes, et cela depuis novembre jusqu'à la Pentecôte, avec une interruption d'un mois, au premier de l'an chinois. A la fin de l'année, les repas au compte du missionnaire se chiffrent par centaines et par centaines ; repas bien pauvres, il est vrai, mais encore faut-il donner du riz, ou du sorgho, ou du millet, deux fois par jour, et aussi un peu de légumes, ne serait-ce qu'un peu d'ail en guise d'assaisonnement. En dehors de cela, rien, pas même les écuelles, pas même les bâtonnets. C'est comme aux noces de Bretagne, qui veut venir au catéchuménat doit apporter son écuelle. Pour les bâtonnets, ils cassent deux bouts de tiges de sorgho et en avant les mâchoires.

RÉGIME. — « Eh bien ! mon Révérend Père, cette pauvre pitance, vraiment trop pauvre, tellement pauvre que quand je la vis pour la première fois, je fis la réflexion que c'était la nourriture de certains animaux de nos pays (et le P. B... m'a fait la même remarque cette année), cette pauvre pitance, dis-je, nous n'avons pas pu continuer à la donner toute l'année, et nous avons dû fermer nos catéchuménats longtemps avant le terme. Plus heureux que le P. D..., qui n'a point ouvert, pour ainsi dire, j'ai pu aller tant bien que mal jusqu'à Pâques et avoir deux cents baptêmes.

PÉNURIE. — « J'en aurais eu beaucoup plus si j'avais eu des ressources. Et surtout, c'est au moment où j'ai dû fermer que je pouvais le plus facilement avoir les femmes. Et il m'a fallu leur dire : « A « l'année prochaine ! » Or, mon Révérend Père, n'ayant pas de vierges missionnaires dans ce pays de brigands, les Pères ne peuvent que très difficilement arriver à faire l'éducation chrétienne des femmes chez elles. Aussi sont-elles en retard sur les hommes. Ce n'est pas qu'elles ne désirent pas, mais personne pour les enseigner. Leurs maris ou leurs enfants, à part de très rares exceptions, n'ont pas encore assez d'esprit pour cela.

« Si les ressources ne leur viennent pas, je ne vois pas comment les Pères pourront soutenir ce magnifique élan, qui porte vers notre sainte religion les populations du Siu-tcheou-fou... »

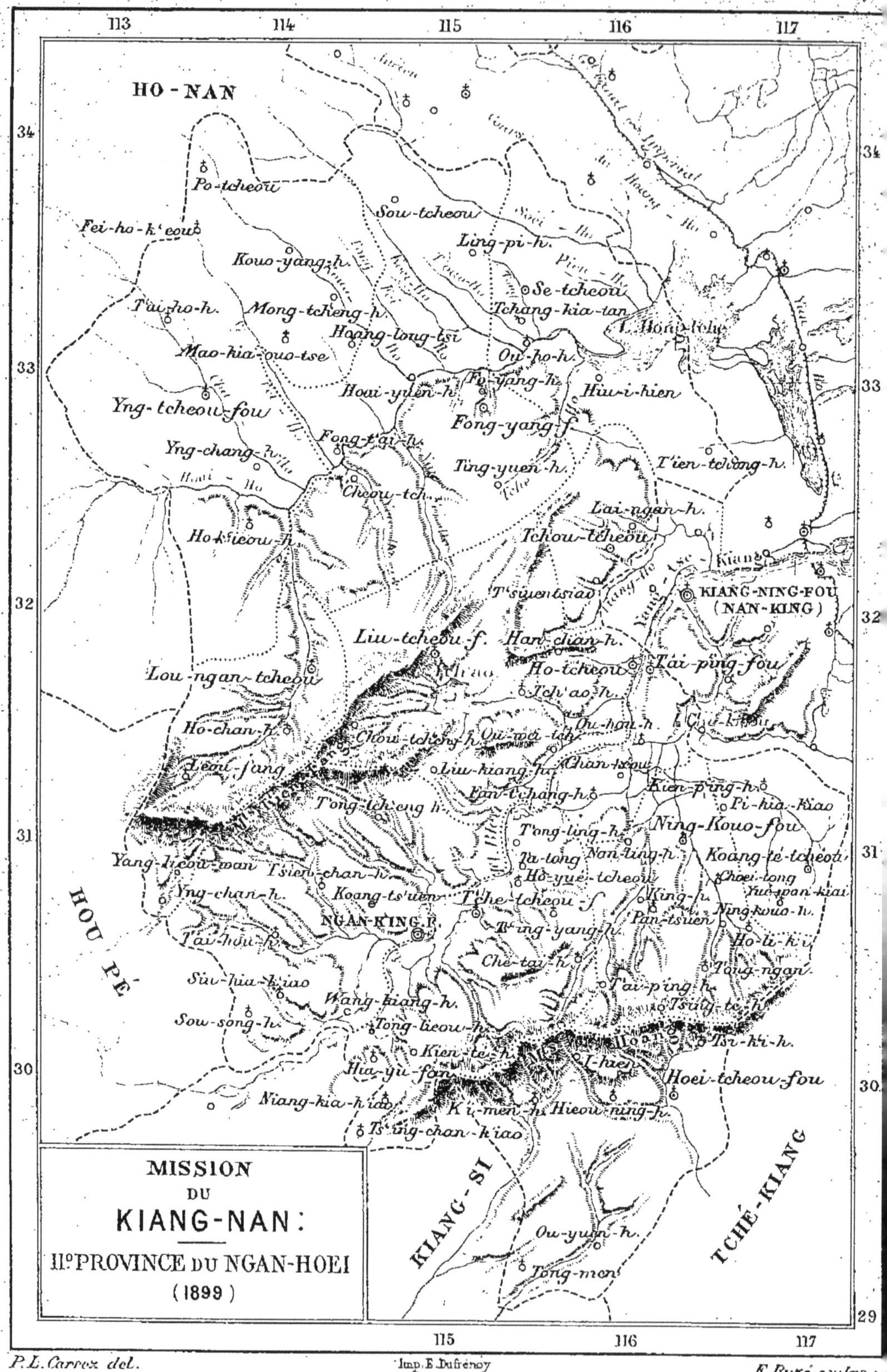

MISSION
DU
KIANG-NAN:
IIe PROVINCE DU NGAN-HOEI
(1899)

P. L. Carrez del.   Imp. E. Dufrénoy   E. Ruzé sculps.

CHAPITRE VIII

LE NGAN-HOEI

DIALECTES. — Le Ngan-hoei, au point de vue civil, est divisé en 13 départements et 55 arrondissements, dont les chefs-lieux, à l'exception de sept, ont chacun leur enceinte murée (1). Au point de vue religieux, la province possède 9 Sections, dont 4 au sud du fleuve Bleu, 4 au nord et la dernière à cheval sur le Kiang (2). Je l'ai déjà dit, la langue qui domine dans cette contrée est la langue mandarine; mais ici, comme du reste au Kiang-sou, on trouve en un bon nombre de localités des idiomes spéciaux, fort éloignés de la langue type. Cette confusion des langues n'est point sans causer à nos missionnaires de sérieuses difficultés, mais je ne sache pas que l'ignorance relative qu'elle implique chez nous ait jamais été un obstacle à la conversion d'une seule âme de bonne foi. Dieu nous donnerait plutôt le don des langues.

1° SECTION DE TAI-PING-FOU. — A l'ouest de la Section de Nanking, se trouve celle de Tai-ping-fou, comptant 7 chrétientés, 370 chrétiens et 816 catéchumènes; il y a eu cette année 32 baptêmes d'adultes. Deux Districts appartiennent à cette préfecture : ceux de Ou-hou et Tai-ping, et de Fan-tchang-hien; trois autres Districts, sur la rive gauche du fleuve, dépendent de deux autres préfectures; ce sont ceux de Liu-tcheou-fou, Tchao-hien et Ho-tcheou.

OU-HOU. — La ville de Ou-hou, assise au bord du fleuve, est fort commerçante et plusieurs vapeurs stationnent d'ordinaire dans ses

1. Voici ces sept sous-préfectures dont notre carte ne porte pas les noms. Ce sont celles de Hoai-ning-hien, à Ngan-king-fou; de Hi-hien, à Hoei-tcheou-fou; de Siuen-tcheng-hien, à Ning-kouo-fou; de Koei-tche-hien, à Tche-tcheou-fou; de Tang-tou-hien, à Tai-ping-fou; de Ho-fei-hien, à Liu-tcheou-fou; de Feou-yang-hien, à Yng-tcheou-fou. Ajoutons la sous-préfecture de Fong-tai-hien, dont le chef-lieu est dans le bourg non muré et assez misérable de Hia-tsai.

2. Le lecteur trouvera des détails sur cette province dans un numéro de nos *Variétés sinologiques,* qui lui est spécialement consacré. Le mot Ngan-hoei est composé du premier caractère des deux préfectures principales de la province : Ngan-king-fou et Hoei-tcheou-fou.

eaux, pour y charger le riz qui se récolte sur les deux rives. Une partie de la population de ce port est flottante; beaucoup d'étrangers sans aveu y sont prêts à tous les coups de main, ceux notamment qui font partie du *Ko-lao-hoei* (Société des Frères aînés). Deux malfaiteurs de cette association venaient d'être décapités à Ou-hou, pour sévices graves envers un officier d'un vaisseau anglais. Peu après, le 5 février 1889, leurs frères les vengèrent en incendiant les consulats anglais et américain de Tchen-kiang. Le 25 août 1890, une grande filature de soie est incendiée par eux à Chang-hai; le 25 décembre, c'est un magnifique steamer anglais qui est brûlé en plein Kiang; le 21 janvier suivant, nouvelle tentative d'incendie sur un autre navire. Les missionnaires devaient aussi souffrir de ces haines.

TROUBLES DE 1891. — Ce sont ces mêmes malfaiteurs, assurés d'avance de l'impunité par l'Intendant tartare, qui, le 10 mai 1891, prenant prétexte de soi-disant sortilèges lancés par nos vierges baptiseuses contre deux enfants, vinrent brûler notre résidence et notre église. Ce vaste établissement, construit depuis trois ans, jouait dès lors pour les missionnaires du Ngan-hoei, le même rôle que celui de Zi-ka-wei pour ceux du Kiang-sou. Le 2 mai précédent, notre grand orphelinat de Yang-tcheou n'avait lui-même été préservé d'un semblable malheur que grâce à la conduite énergique de quelques mandarins. On sait quel triste contrecoup le forfait du 10 mai eut sur un grand nombre des églises voisines et surtout sur celles du Kiang-sou. Grâce à Dieu, aucun catholique ne périt; seuls, deux protestants trouvèrent la mort dans des soulèvements de la populace. Bien entendu, à cette occasion, comme du reste, en toute autre semblable, les feuilles protestantes, c'est-à-dire anglaises, de Chang-hai, trouvèrent moyen d'innocenter les coupables et de jeter la pierre aux catholiques, auteurs de tous ces troubles. Aussi bien, par exemple, pourquoi nos missionnaires s'opiniâtrent-ils à ouvrir des orphelinats, à donner l'extrême-onction, etc., toutes choses qui prêtent à un peuple ignorant de si faciles occasions de nous croire coupables? Un certain ministre, du nom de Reid, se montra plus hostile dans l'attaque que tous les autres, et mit visiblement sa plume haineuse au service de la Chine païenne contre la France catholique. Cette épreuve a passé, comme tant d'autres, et notre résidence de Ou-hou, restaurée, s'élève avec sa belle église due aux plans du Frère Goussery, sur les rives du Kiang, qu'elle domine d'une vingtaine de mètres. A Ou-hou, les conversions sont pénibles et ne comptent guère que des unités, le plus souvent d'étrangers.

LA SECTION. — La préfecture de Tai-ping-fou, ville de lettres et ville d'armes, reste stérile de la façon la plus désolante. L'arrondissement de Fan-tchang-hien, dans sa chrétienté de Chan-keou, nous donne seul quelques espérances.

De l'autre côte du fleuve, Ho-tcheou, dont l'église est fondée depuis 1888, nous offre aussi peu de consolations; une partie de sa population est musulmane et nous a inspiré parfois de vives inquiétudes. Quant à Liu-tcheou-fou, patrie du fameux ministre Li Hong-chang, et à Tchao-hien, qui en dépend, deux villes situées au nord et au sud-est du beau lac Tchao, ce sont des conquêtes trop récentes pour qu'on puisse se prononcer humainement sur leur avenir (1).

2° SECTION DE NING-KOUO-FOU. — La Section de Ning-kouo-fou se trouve au sud de la précédente. Là, le système montagneux commence à s'accuser plus nettement et les voyages à travers ce pays deviennent déjà, comme au Tche-tcheou-fou, des chevauchées par monts et par vaux.

Elle possède aujourd'hui 66 chrétientés, avec 5.327 chrétiens et 3.104 catéchumènes; 305 adultes y ont reçu cette année le baptême. Ses huit Districts sont les suivants: Siuen-tcheng-hien, Nan-ling-hien, Koang-té-tcheou, Kien-ping-hien, Choei-tong, Ho-li-ki, Yué-wan-kiai. Le principal noyau de ces chrétientés, surtout dans l'importante paroisse de Choei-tong, se compose d'anciens chrétiens émigrés de la province du Hou-pé. Le territoire de Ning-kouo-fou, autrefois très riche, avait été horriblement dévasté par les *Tchang-mao*. Quelques indigènes à peine survivaient à ces malheurs; alors les mandarins, pour repeupler cette région, firent appel aux populations voisines. Les gens du Hou-pé répondirent en grand nombre à cette invitation et parmi eux des centaines de chrétiens, les plus pauvres parmi les pauvres, quittèrent leurs plaines inondées pour venir chercher la fortune dans les fertiles vallées du Ning-kouo. L'on a écrit, dans un livre plein d'intérêt (2), la première visite faite en 1868 par les missionnaires du Kiang-nan à ces nouvelles ouailles, dont les bons Pères Franciscains pleuraient le départ. On a dit les progrès de cette jeune Église, ses espérances, puis les complots tramés contre elle par le paganisme, complots aboutissant, le 13 juillet 1876, au meurtre du P. François Hoang et de son catéchiste. Ce fut le signal d'une persécution générale : nos quarante chapelles furent incendiées ou démolies; et nos chrétiens, pillés, puis traqués comme des bêtes fauves, durent chercher un abri au fond des bois, sur les montagnes.

1. Missionnaires de la Section de Tai-ping-fou : PP. Seckinger (1887-1889), Bedon (1887-1898), Debrix (1890-1898), Zi (1890-1891), Bizeul (1893-1898), Moisan (1894), Ét. Wang (1894-1895), Twrdy (1897-1898).

De 1889 à 1892, la province du Ngan-hoei a eu un Vice-supérieur, le P. Havret, dont la résidence principale était la maison de Ou-hou.

2. *Chinois et Missionnaires*, par le P. Bizeul, Limoges, 1898.

Les beaux jours revinrent après l'orage. Le 24 mai 1877, le R. P. Chauvin avait fait vœu, pour obtenir la paix, d'élever dans le département de Ning-kouo un sanctuaire à Notre-Dame Auxiliatrice. Le 24 mai de l'année suivante, le P. Seckinger, l'apôtre par excellence du Ngan-hoei pendant un quart de siècle, posait à Choei-tong la première pierre de ce nouveau sanctuaire devenu aujourd'hui un lieu de pèlerinage cher à nos chrétiens (1).

3° et 4° SECTIONS DE TCHE-TCHEOU-FOU. — Sections de Tche-tcheou-fou septentrional et méridional. — Ces deux parties, récemment séparées, d'un vaste département situé à l'ouest des deux premières Sections, communiquent difficilement entre elles, à cause du régime torrentueux de leur territoire. Son chef-lieu, Tche-tcheou, émerge souvent d'un vrai lac, formé par les crues des rivières. Outre le District qui a son centre dans cette ville, appelée aussi Koei-tche-hien, la première Section a encore les deux Districts de Tong-ling-hien et de Tsing-yang-hien. La deuxième Section compte également trois Districts : Niang-kia-kiao, Tsing-chan-kiao et Tong-lieou-hien.

Ces deux Sections réunies ont 35 chrétientés, 1.680 chrétiens et 1.186 catéchumènes, avec 93 baptêmes d'adultes pour cette année.

Elles ont, comme les autres, connu les angoisses de la persécution : pillage et incendie de nos maisons, notamment dans le port très fréquenté de Ho-yué-tcheou; massacre et incarcération de chrétiens, notamment en 1869, dans le District de Tsing-chan-kiao, rien ne leur a manqué des épreuves qui signalent d'ordinaire la fondation de nouvelles Églises. Notre position s'est du reste améliorée dans cette région et la plupart des mandarins nous rendent bonne et prompte justice. Une seule sous-préfecture, celle de Tong-lieou, entretient l'esprit d'hostilité des anciens jours, tandis que la sous-préfecture voisine, celle de Kien-té, garde depuis de longues années les meilleures relations avec les missionnaires. Ce contraste, que nous signalons ici occasionnellement, n'est point rare en Chine; ces animosités ou ces sympathies si durables montrent combien il est important, aux débuts d'une installation dans une juridiction nouvelle, de se concilier,

1. Missionnaires de la Section de Ning-kouo-fou : Les PP. Ravary (1874), Femiani (1874-1875), J. Le Cornec (1874-1878), Bies (1874-1878, 1880-1887), Frin (1874), M. Sen (1874-1877), Sen Liang (1874-1879), Orta (1875-1876), André (1875-1876), Audrain (1876-1877), Cordier (1877), Li (1877-1878), Debrix (1877-1889, 1893-1894), Garnier (1877), Seckinger (1878-1882), Pittar (1878-1881), Twrdy (1879-1881), Royer (1879), Géré (1882-1885), Mouton (1882-1884), Mignan (1883-1898), Le Bailly (1883-1890, 1892-1896), A. Le Bayon (1884-1888, 1890-1893), Gouraud (1885-1887), Grémillon (1887-1891, 1893), Jacquet (1888-1889), Berton (1888-1890, 1892-1898), Gasnier (1888-1898), Le Quellec (1888-1892) Doré (1889), David (1890-1892), Bizeul (1890-1892), Ét. Wang (1890-1893, 1896), Ledru (1892-1898), Bichon (1894), Moisan (1895-1898), Louail (1894), Lémour (1895), Planchais (1896-1898), Perrin (1897-1898).

autant que possible, le bon vouloir des gens en charge, et surtout celui des notables, attachés au pays (1).

5° SECTION DE HOEI-TCHEOU-FOU. — La Section de Hoei-tcheou-fou, située au sud des précédentes, est de toutes celles du Kiang-nan la plus pauvre en chrétiens et en conversions. Quatre chrétientés, 124 chrétiens et autant de catéchumènes, voilà le maigre fruit de tant d'années de travaux et de souffrances. Les trois Districts de Hieou-ning-hien, Hoei-tcheou-fou et Ou-yuen-hien n'ont donné cette année que deux baptêmes d'adultes.

La plus grande partie des chrétiens, 70 environ, habitent le bourg de Tong-men et descendent des familles converties, il y a deux cents ans, à King-té-tchen par le P. d'Entrecolles. C'étaient alors des étrangers au pays, comme sont du reste les rares néophytes de ces dernières années.

CAUSES DE STÉRILITÉ. — C'est dans la richesse de cette préfecture, dans sa constitution exceptionnelle de la famille, qu'il faut chercher les causes de la stérilité de notre ministère. Le département produit le thé, le vernis, l'encre de Chine; surtout il fournit aux grands commerces de la Chine entière (banques, monts-de-piété, bois, riz, etc.) d'excellents directeurs et comptables, qui rapportent chez eux les épargnes de leur industrie. De plus, la préservation relative de cette région au temps des rebelles, son amour pour les lettres et l'influence confucéenne qui en est résultée parmi ces hauts gradués, le groupement des familles du même nom dans des villages communs, avec une très forte administration familiale, avec le culte très développé des ancêtres, prouvé par la construction de temples, *Tse-tang*, riches et nombreux, avec la tenue très exacte des registres de famille, le soin jaloux avec lequel les indigènes veillent à ce que le patrimoine, le territoire de la famille, de la commune, de l'arrondissement même, ne soit point envahi par des étrangers, tout cela a opposé jusqu'ici des barrières infranchissables aux progrès du christianisme. L'Européen a toujours été considéré comme l'irréconciliable ennemi; malheur à lui s'il tente de violer la clôture qui lui est imposée! Malheur au païen qui tenterait de sortir de ces liens! Les faits ont assez prouvé cette animosité des païens à notre endroit : un jour, aux environs de Tong-

1. Missionnaires de la Section de Tche-tcheou-fou : Les PP. Seckinger (1874-1876, 1883-1887), Bedon (1874-1875), André (1874, 1877, 1888-1890), Audrain (1874, 1878), Joret (1875, 1877-1878, 1881-1882), Frin (1875, 1879-1883), Cordier (1876), Garnier (1876), Bichon (1879-1893, 1895), Grillo (1879-1884, 1894-1898), La Rivière (1886-1889), V. David (1887-1888, 1893-1898), Guittard (1888-1891), Perrigaud (1889-1892), Moisan (1891-1893), E. Rouxel (1894), J.-B. Rouxel (1895-1898), Grémillon (1894, 1896-1898), Le Quellec (1894-1898).

men, c'est un catéchiste soupçonné de zèle qu'on massacre aux côtés du missionnaire; une autre fois, en 1887, c'est le Père lui-même que la populace, encouragée par les mandarins, chasse de sa nouvelle demeure de Hieou-ning, après l'avoir blessé à la tête, etc., etc.

Dieu seul est capable de susciter des élus de ces cœurs de pierre; nous les recommandons instamment aux prières de nos bienfaiteurs, ainsi que les pauvres missionnaires (1).

6° SECTION DE NGAN-KING-FOU. — La Section de Ngan-king-fou, capitale de la Province, est la plus occidentale du Ngan-hoei, sur la rive gauche du fleuve. On y compte maintenant 18 chrétientés, 1.087 chrétiens et 1.873 catéchumènes. Il y a eu cette année 134 baptêmes d'adultes. Ses cinq Districts ont pour centre : Ngan-king, Tai-hou-hien, Sou-song-hien, Koang-tsuen et Siu-kia-kiao.

La prise de possession de la préfecture date de 1867. Là encore et toujours, il y a eu pillage, émeute; nous avons laissé passer et aujourd'hui nous sommes presque respectés. Une belle église de style chinois se dresse auprès de notre résidence, effaçant par son luxe les autres monuments de la ville. Elle a été bâtie récemment en exécution d'un vœu fait par Mgr Garnier à l'occasion des incendies de 1891. Depuis longtemps, les autorités provinciales ont institué à Ngan-king, comme celles du Kiang-sou l'ont fait à Nan-king, un tribunal chargé spécialement de traiter les affaires européennes, *Yang-ou-kiu*, c'est-à-dire les affaires des chrétiens. Mais ce rouage de l'administration chinoise semble devenu inutile et ne nous donne plus satisfaction. Tous les conflits de quelque gravité qui sembleraient de son ressort, et que nous avons portés à sa barre durant ces dernières années, ont dû être finalement traités par notre consul général de Chang-hai et le vice-roi de Nan-king. Les environs de Ngan-king se montrent peu accessibles à nos exhortations; en revanche, la plaine de l'Ouest qui confine au Hou-pé est pleine d'espérances : dans ce pays nouveau, au Tai-hou-hien, par exemple, un de nos Pères vient, en deux ans, de baptiser 200 adultes, là où il n'y avait rien avant lui.

INLAND MISSION. — Comme je l'ai dit plus haut, la ville de Ngan-king renferme une maison similaire de celle de Yang-tcheou : un scolasticat pour les jeunes missionnaires de la Société *China Inland Mission*. Le peu de retenue de cette jeunesse studieuse, dont un jour des soldats facétieux enlevèrent les habits pendant qu'ils se baignaient

1. Jusqu'en 1865, la chrétienté du Tong-men est restée aux soins des Pères Lazaristes du Kiang-si. Missionnaires de la Section de Hoei-tcheou-fou : Les PP. Seckinger (1884-1887), Frin (1884-1898), Rich (1887-1888), André (1888), Ledru (1889-1890), de Barrau (1891-1898), Bureau (1895-1898).

dans une flaque d'eau, *more patrio*, sous les murs de la ville, ne contribuera pas à nous concilier l'estime des Chinois trop portés à confondre tous les étrangers. Cette Société, qui a ses centres principaux à Chang-hai et à Londres, et qui est répandue à peu près dans toute la Chine, a recruté ses six ou sept cents membres des deux sexes dans une classe visiblement inférieure comme éducation. Vêtus généralement comme des Chinois pauvres, ils n'ont pas honte, par exemple, de se rendre au marché, une liasse de sapèques sur l'épaule pour payer leurs denrées, une pile de livres ou de tracts sous le bras, pour les vendre aux passants. Leurs femmes et leurs filles sont aussi mal élevées et ne craignent pas d'habiter ou de voyager seules, assez débraillées, au milieu d'une nation corrompue. Et cela, je ne crains pas de l'affirmer, parce que je l'ai vu plusieurs fois de mes yeux.

En dehors des étudiants susdits, le Ngan-hoei seul compte, en une douzaine de postes, 20 à 30 de ces singuliers prédicants. A défaut de science théologique, ils ont du moins le sûr instinct du sectaire ; leur prédication ordinaire, soit parlée, soit écrite, consiste à nous calomnier : comme les bonzes, disent-ils, nous adorons des images, comme eux nous gardons un célibat mensonger ! etc., etc. Un jour, au lendemain des attentats de 1891, je trouvai affiché, dans un village proche de Ning-kouo-fou, un pamphlet imprimé à Chang-hai, articulant contre nous ces infamies. Le moment était bien choisi pour provoquer un nouvel incendie !... Je me hâte d'ajouter que les ministères de nos voisins paraissent jusqu'ici peu bénis du ciel : la dernière fois que je vis la statistique de leurs œuvres, ils étaient 22 à semer la parole et accusaient, après vingt-cinq ans de travaux au Ngan-hoei, une somme totale de 120 et quelques adeptes, autant à peu près que ces messieurs et dames entretiennent d'auxiliaires ou de domestiques (1).

7° SECTION DE LOU-NGAN. — Section de Lou-ngan-tcheou, au nord de la précédente, très montagneuse, surtout au nord et vers le centre. Elle comprend cinq Districts : Lou-ngan, Ho-chan-hien oriental et occidental, Ho-kieou-hien et Yng-chan-hien. Il y a en tout 17 églises, 738 chrétiens et 1643 catéchumènes. Les 104 baptêmes d'adultes qui ont été conférés cette année dans ces vallées d'un accès difficile représentent une somme de travail que Dieu seul connaît. Nos chères Présentandines possèdent plusieurs postes dans cette Section. C'est grâce à elles et à elles seulement qu'il nous a été donné de pouvoir

1. Voici les missionnaires de la Section du Ngan-king : Les PP. Seckinger (1870-1871, 1874-1875, 1883-1889), Heude (1870), Sen Liang (1871), Bourdilleau (1872), Audrain (1875), Garnier (1876), André (1877-1879, 1890), Durandière (1874), Joret (1880-1882, 1893-1897), Carbonnel (1885), Grillot (1885-1893), Twrdy (1886-1891), Crochet (1888-1890), Le Bêle (1891-1892), Goulven (1892, 1894-1898), Colvez (1895-1898), Ét. Wang (1897), Gratien (1898), Lémour (1898).

enfin préparer au baptême les femmes et les filles des néophytes âgés déjà. C'est dans de longs paniers, sortes de claies à rebords, comme les femmes distinguées du pays, qu'elles se rendent à leur centre ou qu'elles en redescendent pour regagner Chang-hai. Pendant de longues journées, étendues sur leur couche de bambou, elles surplombent, à travers les sentiers pratiqués au flanc de la montagne, l'abîme et le torrent qui mugit au fond du précipice. Rien de plus grandiose que le spectacle de ces montagnes, d'une altitude plus élevée encore que celles du Hoei-tche-fou, mais aussi rien de plus dangereux que ces routes hardies et trop étroites que le missionnaire parcourt fréquemment et par toutes les saisons. Bien des traits providentiels nous ont prouvé comme il fait bon se confier aux Saints Anges dans de pareils chemins : il n'est point de missionnaire qui n'ait, dans ces expéditions, couru de pressants dangers, et, cependant, jamais jusqu'ici l'un d'eux, dans les chutes les plus graves, n'a été dangereusement blessé.

La Mission de Lou-ngan date de 1867; en 1866, le P. Seckinger avait à Yng-chan des catéchumènes; ils furent persécutés; le Père fut chassé et ne put obtenir justice. Depuis lors, cette Section n'a jamais cessé, sur un point ou sur un autre, de livrer des combats. L'un des plus récents, celui de Sou-kia-pou, a été dernièrement décrit (1); nos lecteurs liront ce récit avec intérêt; ils verront là, peintes au naturel, des scènes qu'il faudrait décrire cinquante fois si nous devions retracer l'histoire complète du Kiang-nan (2).

8° et 9° SECTIONS DE YNG-TCHEOU-FOU ET DE SE-TCHEOU. — Encore deux Sections que nous réunissons ici, bien qu'elles aient été, en réalité, séparées depuis quelques mois. Ensemble, elles offrent un total de 24 églises pour 1.513 chrétiens et 2.256 catéchumènes. Il y a eu, cette année, 103 baptêmes d'adultes.

Ces deux Sections, arrosées de l'est à l'ouest par la rivière Hoai vers leur partie méridionale, forment la limite du Kiang-nan vers le nord-ouest. La première confine, par l'ouest, à la province du Honan; la seconde est bornée au nord et à l'est par celle du Kiang-sou. Leur territoire, au nord de la Hoai, est une vaste plaine très populeuse; les mœurs de ses habitants se rapprochent beaucoup de celles du Siu-tcheou-fou. La Section de Yng-tcheou-fou est relativement nou-

1. Voir aux *Études* des 5 et 20 novembre, 5 décembre 1898, l'article du P. Lémour : *Une canonnière française dans le fleuve Bleu.*

2. Missionnaires de la Section de Lou-ngan-tcheou : Les PP. Seckinger (1874-1875), Li (1874-1875), Garnier (1876), Frin (1876-1877), André (1877-1878), J. Chevalier (1878, 1881), Bedon (1881-1885), Sen Liang (1881), Durandière (1882-1883), Twrdy (1882, 1892-1897), Joret (1881-1887, 1891-1892), Mouton (1885-1898), Zi (1886-1889), Bies (1888-1891), Rich (1890-1898), Rodet (1895, 1897-1898), Desnos (1896-1898), Lémour (1897), Planchais (1898).

velle; elle comprend les cinq Districts de Yng-tcheou, de Fei-ho-keou, de Mong-tchen-hien, de Hoang-long-tsi, Hoai-yuen-hien et Tong-tai-hien, de Tai-ho-hien et Po-tcheou. Presque chacun de ces noms rappelle des outrages faits aux missionnaires; l'énergie, la patience de ces derniers ont triomphé de ces obstacles. Sans doute, il reste encore bien des préjugés hostiles à combattre, bien des postes nouveaux à conquérir, mais nous avons enfin pris pied chez ce peuple rude et défiant; c'est beaucoup, et nous comptons sur une riche moisson dans ces pays où les lettrés ne sont qu'une infime minorité.

SECTION DE SE-TCHEOU. — La Section de Se-tcheou ne compte que deux Districts, celui de Se-tcheou et Ou-ho-hien septentrional et celui de Ou-ho-hien méridional. C'est dans cette ville de Ou-ho qu'au commencement du XVIIIe siècle, le P. Noël baptisait par dizaines des bacheliers païens. Les temps sont bien changés : la petite chrétienté de Ou-ho et des quelques villages voisins demeure depuis bien longtemps stationnaire et rien ne nous fait prévoir quand ce feu, longtemps conservé sous la cendre par la divine Providence, se communiquera au-dehors (1).

TRENTE ANS AU NGAN-HOEI. — Avant de clore ces notes, trop sèches sans doute, mais nécessaires au commencement de la publication régulière que nous promettons des lettres de nos missionnaires, qu'on nous permette de rapprocher des chiffres que nous venons de donner pour le Ngan-hoei, ceux de 1868. A cette époque on comptait : dans le Tai-ping-fou, le Koang-té-tcheou et le Lou-ngan-tcheou réunis, 30 chrétiens; dans le Ning-kouo-fou, 110; dans le Tche-tcheou-fou, 3; dans le Hoei-tcheou-fou (Tong-men), 33; dans le Ngan-king-fou, 20; dans le Se-tcheou (Ou-ho), 360. En tout 556 chrétiens. Aujourd'hui, nous en avons 10.839, avec 11.000 catéchumènes et 773 baptêmes d'adultes.

UN AN AU KIANG-NAN. — L'an dernier, le chiffre total des chrétiens, pour le Kiang-sou et le Ngan-hoei était respectivement de 101.654 et de 9.951, en tout 111.605; cette année, il est de 104.338 et 10.839, en tout 115.177. Que Dieu nous accorde d'assister à un nouvel et rapide accroissement de ces chiffres. Car c'est trop peu de deux chrétiens pour mille païens !

1. Missionnaires de la Section de Yng-tcheou-fou et Se-tcheou : Les PP. Gandar (1875-1878), Grillo (1873-1877), Chevalier (1879-1881), Bedon (1878-1880, 1886), Le Lec (1881-1882), Durandière (1882-1887), Joret (1884-1888), Gasnier (1886-1887), Bureau (1888, 1890-1894), Bienvenu (1888-1890), Hirgair (1888-1893), A. Le Bayon (1889), Seckinger (1890), Doré (1891-1895), Grémillon (1892), Bies (1892-1898), Le Bèle (1894-1898), Perrigaud (1894-1898), Besnard (1895, 1897-1898), Beaugendre (1895-1898), J.-M. Chevalier (1897-1898), Dannic (1897-1898).

CHAPITRE IX

VIE, MORT, OBSÈQUES D'UN ÉVÊQUE

En terminant cette notice qui prend fin avec l'année apostolique 1897-1898, nous pensons édifier nos lecteurs par le récit succinct de la vie, de la mort et des obsèques du pasteur que la mort a enlevé à notre affection au mois d'août dernier, et nous reproduisons simplement les articles qui nous sont venus de Chine.

VIE DE Mgr GARNIER. — « Il faudrait un livre tout entier pour dire les œuvres d'une vie de plus de soixante-treize ans : nous nous bornerons à en indiquer ici les principaux traits.

« Mgr Valentin Garnier est né le 6 mai 1825 au diocèse de Rennes; il appartint quelques années au clergé de ce diocèse, puis entra dans la Compagnie de Jésus à vingt-sept ans, le 24 janvier 1852.

CAYENNE. — « Après quatre ou cinq années de la formation ordinaire dans la Compagnie de Jésus, il fut appliqué aux Missions étrangères; de 1857 à 1867, il fut employé à Cayenne comme aumônier des bagnes. Là, il fit connaissance avec plusieurs officiers de la marine française qu'il revit en Chine, et l'affection que ces messieurs témoignaient au Vicaire apostolique du Kiang-nan montre assez quel bon souvenir ils avaient de l'aumônier de Cayenne. Pour ne parler que des morts, qu'il nous soit permis de citer M. Buge, qui, lieutenant de vaisseau, avait aimé l'aumônier de Cayenne, capitaine de vaisseau, le retrouvait avec joie à Chang-hai, et amiral, restait en correspondance avec lui jusqu'à la mort.

KIANG-NAN. — « En 1868, le P. Garnier était envoyé de Cayenne au Kiang-nan. Ses premiers ministères furent dans cette même église Saint-Joseph où on fait ses funérailles en 1898.

« De 1869 à 1873, il exerça le saint ministère auprès des Chinois dans notre préfecture, la ville de Song-kiang. On y voyait encore les ruines d'une église chrétienne bâtie sous Kang-hi, confisquée sous Kien-long. M. de Lagrené avait obtenu en 1846 un décret impérial d'après lequel cette église devait être rendue aux missionnaires; mais, pendant plus de vingt ans, les mandarins avaient refusé cette justice. C'est le P. Garnier qui sut enfin obtenir que cette église fût rendue au culte. Elle a été relevée sur les fondements de l'ancienne et est encore le centre des nombreuses chrétientés de Song-kiang.

A L'OUEST. — « De 1874 à 1877, le P. Garnier fut employé dans les Missions plus intérieures. Les œuvres s'y développaient rapidement; il fallait une organisation nouvelle. Le P. Garnier fut nommé Supérieur de tous les missionnaires du Kiang-nan occidental, depuis Tchen-kiang jusqu'à Ngan-king, puis du seul Ngan-hoei. Les chrétiens du Hou-pé émigraient en assez grand nombre de leur province trop peuplée dans le sud du Ngan-hoei dévasté par les rebelles Tai-ping : il fallut organiser ces chrétientés naissantes. Ce fut au milieu de difficultés incroyables. Qu'il suffise de citer ce fait. En un gros village près duquel les chrétiens étaient venus s'établir, les païens s'ameutèrent contre le P. Garnier, envahirent l'auberge où il s'était arrêté, s'efforcèrent par les moyens les plus vils de lui faire perdre patience : un seul coup qu'il eût porté eût été le signal de sa mort. Pendant une heure, ces gens stupides tinrent le P. Garnier debout sur une table sans pouvoir obtenir de lui autre chose que des paroles de douceur et de prédication évangélique. Vaincus par cette douceur, ils le laissèrent continuer son œuvre.

ZI-KA-WEI. — « Au mois de juillet 1877, le P. Garnier était nommé Recteur de Zi-ka-wei et, le 29 avril 1879, Évêque titulaire de Titopolis et Vicaire apostolique du Kiang-nan.

L'ÉVÊQUE. — « En ce nouveau poste, la vie de Mgr Garnier a été assez publique pour que l'on puisse se souvenir de ses œuvres principales; qu'il nous suffise de donner quelques indications.

« Quand Mgr Garnier était nommé Vicaire apostolique du Kiang-nan, cette Mission comptait 52 prêtres européens, 26 prêtres chinois. A sa mort, elle compte 115 des premiers, 41 des seconds.

« Elle comptait 95.000 chrétiens en 584 chrétientés; elle compte aujourd'hui 115.000 chrétiens en 896 chrétientés et 34.000 catéchumènes qui se préparent au baptême.

ŒUVRES. — « Pendant son épiscopat, les œuvres de prédilection de Mgr Garnier étaient son séminaire pour la fondation duquel il quêta longtemps et qu'il put établir sur des bases solides à Zi-ka-wei et à Tong-ka-dou; cinquante-cinq jeunes Chinois des meilleures familles chrétiennes s'y préparent au sacerdoce.

« Puis encore la diffusion des Saintes-Écritures. Mgr Garnier fit faire une traduction des quatre Évangiles, qui est répandue dans les provinces de Chine. On en loue fort le style et l'exactitude.

« Mgr Garnier a encore donné naissance à une œuvre qu'il aimait paternellement, l'Institut des Frères de la Mère de Dieu, dont le siège est dans l'intérieur de la ville de Chang-hai, auprès de l'ancienne église des temps de Kang-hi, rendue à la Mission par le général Montauban en 1861. Cet Institut a pour but de former des Frères chinois pour les écoles des chrétientés. Il ne compte encore qu'une trentaine de membres, mais il est établi dans des conditions qui semblent assurer son développement.

CONCLUSION. — « On connaît assez la Mission du Kiang-nan pour juger des autres œuvres de Mgr Garnier. Un homme qui a dépensé trente ans de sa vie pour le bien des Chinois, dont les œuvres ont eu et gardent encore la prospérité que l'on sait, est certainement un bienfaiteur de la Chine. Les empereurs élèvent des arcs de triomphe, des temples à des mandarins dont les œuvres sont loin d'égaler celles de Mgr Garnier. Les mandarins du Kiang-nan, surtout ceux de Chang-hai, feraient preuve de haute intelligence en prenant l'initiative de faire construire, en souvenir de Mgr Garnier, quelque monument qui perpétuât son souvenir et continuât le bien qu'il a voulu faire à la Chine, un hôpital, par exemple, pour les seuls Chinois, dont ils confieraient l'administration aux Frères de Mgr Garnier. »

NOTE DE L'ÉDITEUR. — Nous n'avons que peu de mots à ajouter à la notice biographique qu'un des meilleurs collaborateurs du regretté Mgr Garnier a bien voulu nous envoyer.

« Nous pourrons cependant insister sur les qualités extérieures de Sa Grandeur. Sa bonté, son affabilité en faisaient un véritable charmeur et tous ceux qui l'ont approché sont unanimes à reconnaître la droiture et la fermeté de son jugement.

« Il laisse derrière lui un bien bel exemple que ses successeurs seront avides de suivre : marcher sur ses traces sera la garantie de leur succès. Laisser un tel renom sur terre, n'est-ce pas un avant-goût des joies de l'autre monde (1) ? »

1. *L'Écho de Chine,* numéro du 16 août 1898.

Maladie et mort.

VISITE DE 1897. — Pendant l'automne de 1897, une grande consolation fut accordée à Mgr Garnier. Il visita pour la première fois la Section de Siu-tcheou-fou, cette terre promise où les difficultés spéciales du pays, plus encore que ses infirmités, ne semblaient pas devoir le laisser aborder. Le prélat subit avec courage les fatigues de cette longue tournée; mais, de retour à Zi-ka-wei, il répétait en souriant ce mot assez typique du catéchiste indigène qui l'avait suivi dans cette visite apostolique : « Jamais nous n'avons eu de visite plus glorieuse et plus fatigante. » Peu de jours après, il confia au Père Recteur qu'il sentait en lui-même un affaissement général, précurseur d'une fin prochaine. De fait, depuis ce jour, la vie physique et intellectuelle du bon Évêque déclina visiblement; il sommeillait une grande partie du jour; bientôt diverses infirmités, qui nécessitaient des soins plus assidus, le déterminèrent à aller habiter Yang-king-pang, auprès de notre infirmerie.

INFIRMERIE. — « On espérait que cette défaillance nous laisserait encore notre bon prélat quelques mois, un an même et plus. A la fin de juin, Sa Grandeur avait pu supporter les fatigues de trois ordinations à Tong-ka-dou. Au 14 juillet, Monseigneur avait voulu se trouver à la réunion des Français chez le consul. Le 19, Monseigneur avait tenu à aller avec quelques Pères dîner chez les Lazaristes. Le 24, il était allé à Tong-ka-dou pour assister aux examens des séminaristes et à la clôture des vacances des Pères chinois et avait diné gaiement avec eux. Sa Grandeur avait même annoncé qu'elle voulait de là retourner à Zi-ka-wei où on devait célébrer le 26 juillet les vingt-cinq ans de Chine du P. Terrien, mais les forces le trahirent en chemin et il rentra à Yang-king-pang.

SOUFFRANCES. — « Pendant le commencement du mois d'août, Monseigneur souffrit beaucoup des chaleurs; il disait souvent ses souffrances; cependant, semble-t-il, ni lui, ni nous, personne ne prévoyait une mort prochaine. Le 5 août au matin, Monseigneur demanda qu'un prêtre l'assistât à la messe. Pendant les jours suivants, cette précaution fut continuée. Le 10 août, Monseigneur dit encore la messe. Le 11, il essaya, mais dut y renoncer dès les premières cérémonies. Cependant Monseigneur disait encore son bréviaire, qu'il trouvait bien long, et ses chapelets ordinaires. Le jeudi au soir, Monseigneur appela le Père auquel il se confessait à Yang-king-pang, lui dit qu'il se sentait fort mal, mais il s'accusait surtout de lâcheté contre les difficultés de la saison. On lui dit de ne plus essayer de dire la messe, de se remettre entièrement entre les mains de Dieu. Le Père Ministre survint qui obtint alors que Monseigneur se laissât transporter à l'infirmerie.

EXTRÊME-ONCTION. — « La nuit du 11 au 12 fut mauvaise. Monseigneur souffrait beaucoup de la chaleur; plusieurs Pères ou Frères durent le visiter pendant cette nuit. Le vendredi 12, au matin, on transporta Monseigneur à l'infirmerie : dès lors il n'avait plus l'entier usage de sa connaissance. Le médecin appelé prononça le mot de congestion et jugea que la mort pouvait venir promptement. Seulement alors on comprit l'imminence du danger. Le samedi 13, à 6 heures du soir, le R. Père Supérieur, accompagné de douze à quinze Pères ou Frères, donnait l'extrême-onction. A l'absolution qui la précéda, Monseigneur avait encore ébauché un signe de croix. Le R. Père Supérieur ayant dit à l'oreille du malade qu'on allait lire pour lui la profession de foi, Monseigneur fit un signe certain d'assentiment.

MORT. — « Le dimanche 14, dans la matinée, Monseigneur donna encore le même signe à la proposition qui lui fut faite d'une nouvelle absolution. Cependant il était étendu sur son lit, semblant n'avoir plus de connaissance, mais dans une tranquillité telle qu'on n'hésita pas à permettre à bien des chrétiens, à plusieurs Européens, de venir le voir une dernière fois. A 2 heures de l'après-midi, quinze ou vingt Pères ou Frères, précédés du R. Père Supérieur, se réunirent autour du lit pour réciter les prières des agonisants. Vers 4 ou 5 heures, les poumons commencèrent à se congestionner; un râle doux et peu douloureux, semble-t-il, annonça la fin. Enfin, à 6 h. 15, Monseigneur expirait doucement au milieu des Pères présents à Yang-king-pang qui récitaient le *Proficiscere anima christiana.*

EXPOSITION. — « Le lundi 15, fête de l'Assomption, à 5 heures du matin, on exposait le corps revêtu des ornements pontificaux dans le parloir où les chrétiens européens et chinois, qui venaient à la messe, purent vénérer leur pasteur. A 10 heures, il fut mis dans le cercueil sous les orgues de l'église : il y resta jusqu'au soir. Le salut du Saint Sacrement, à 4 heures, fut la première cérémonie sacrée faite devant la dépouille de notre Évêque. Ce n'est qu'après le salut qu'on put préparer les obsèques du lendemain. »

Obsèques de Mgr Garnier.

On lit dans l'*Écho de Chine* du 17 août : « Hier, à 8 heures, grand-messe solennelle en l'honneur de Sa Grandeur, avec le concours de toute la maîtrise, sous l'habile direction du P. Rouxel. Sur le catafalque, on avait déposé de nombreuses couronnes. Une des plus belles venait du consulat général de France. Dans l'église, trop petite pour la circonstance, se pressaient Européens et Chinois qui avaient tenu à payer ce dernier tribut à la mémoire de Mgr Garnier.

PERSONNAGES OFFICIELS. — « La cérémonie officielle, à 5 heures du soir, était des plus imposantes. Le P. Rouxel recevait les invités. A droite du cercueil, M. de Bezaure, consul général de France, les commandants Thesmar et Texier, le Dr Stuebel, consul général d'Allemagne et doyen du corps consulaire, M. Valdez, consul général du Portugal. Perpendiculairement et du même côté, M. de Uriarte, consul général d'Espagne, M. Dmitrewski, consul général de Russie, M. Brenan, consul général d'Angleterre, M. Rocher, commissaire des douanes de Chang-hai. A gauche, les autorités chinoises : LL. EE. Nieh, trésorier de la province, et Tsai *Tao-taï* de Chang-hai, le sous-préfet, les juges de la cour mixte, MM. Fong Yé et Wang. Tous les consulats étaient représentés.

« Nous ne citons aucun des noms des personnages non officiels présents. Tout Chang-hai était là... M. de Bezaure, M. Claudel, M. Hauchecorne, M. Grailler, M. Feer étaient en tenue officielle, ainsi que le consul général du Portugal, M. Valdez.

SERVICE. — « Après une marche jouée en guise d'entrée par la musique municipale massée dans la tribune gauche de la nef, le service commence conduit par le R. P. Paris, grand-vicaire et Supérieur général de la Mission, assisté du P. Meugnot, Procureur général des Lazaristes, du P. Robert, Procureur des Missions-Étrangères, du P. Simon, Recteur de Zi-ka-wei, et du P. Deffond, Ministre de la Section de Sou-tcheou. Ces Pères remplaçaient les cinq évêques qui, aux obsèques des évêques, officient d'habitude.

« Au début de la cérémonie, le P. Colombel a lu d'une voix émue une oraison funèbre. Il a retracé en quelques lignes sa vie et a surtout insisté sur la haute piété du défunt.

« L'église était toute tendue de noir. Sur le côté, des banderolles noires et argent alternaient avec des draperies du même genre. Trois immenses bannières attiraient les regards. L'une, jaune, avait été envoyée par S. E. Nieh, l'autre bleue, par le *Tao-tai*, la troisième, rouge, par le sous-préfet.

« Les honneurs étaient rendus par une compagnie de débarquement de l' « Éclaireur » et une autre du « Jean-Bart », un piquet d'agents de la garde; les soldats du *Tao-tai* faisaient la garde dans la rue.

LE CORTÈGE. — « A l'issue de la cérémonie, c'est-à-dire après les cinq absoutes, le cortège se formait dans l'ordre suivant :

« Tambours et clairons de « l'Éclaireur »;

« La garde municipale;

« Les soldats du *Tao-tai*;

« La croix et les enfants de chœur;

« La procession des jeunes filles des Enfants de Marie, toutes habillées en blanc, bannière en tête;

« Les Dames Auxiliatrices;

« Les Sœurs de Saint-Vincent de Paul;

« La Congrégation des Enfants du Sacré-Cœur;

« Le Cercle catholique;

« Les élèves de l'école municipale;

« La musique municipale;

« Une soixantaine de Pères en habit de chœur et cierge à la main;

« Le clergé officiant;

« Le cercueil, porté par seize hommes en chapeau de cérémonie;

« Un piquet de marins de l' « Éclaireur » et du « Jean-Bart »;

« Les couronnes portées par des enfants des écoles des Frères Maristes;

« Le consul général de France, entouré de LL. EE. Nieh et Tsai;

« Les commandants des deux navires de guerre français;

« Le personnel du consulat général de France;

« Le corps consulaire;

« La foule des invités.

TRANSPORT DU CORPS A TONG-KA-DOU. — « Pendant le trajet, la musique municipale a joué une marche funèbre. En passant devant le consulat général de France, le pavillon a salué le cercueil.

« Mentionnons ici que les consulats avaient mis leurs pavillons en berne pour la circonstance... Nous devons féliciter la police municipale et les autorités chinoises du bon ordre qui n'a cessé de régner durant toutes les phases de la cérémonie... Arrivée à la jetée du quai de France, la procession s'est arrêtée. Le cercueil a été mis à bord de la barque épiscopale, décorée pour la circonstance, et que remorquait une chaloupe à vapeur gracieusement offerte par M. Jones qui, obligé de s'absenter, a tenu à envoyer une fort belle couronne pour les obsèques. Grâce à l'obligeance des Pères de la Mission, ce dont nous les remercions sincèrement, nous avons pu prendre place à bord de la chaloupe et aller jusqu'à Tong-ka-dou où le cercueil a été débarqué, non sans difficultés, et remis au clergé qui l'attendait là-bas en grande pompe.

ARRIVÉE. — « Les autorités chinoises avaient tenu à pavoiser le débarcadère et y avaient envoyé des artificiers. Ils ont salué de bombes et de pétards l'arrivée du cercueil de l'Évêque français, dont la suprême bonté et la beauté toute particulière avaient tant de fois séduit les Chinois. De grandes jonques appartenant à des chrétiens de Tong-ka-dou avaient mis leur pavillon en berne, une croix noire sur champ blanc. Cette marque de respect était vraiment touchante. A 8 heures, nous étions de retour à Chang-hai. C'est ce matin que doit avoir lieu l'inhumation définitive dans le caveau que Mgr Garnier s'était fait construire près de son prédécesseur à l'inhumation duquel il avait présidé lui-même. »

DERNIER SERVICE. — Le mercredi matin 17, l'église de Tong-ka-dou était remplie de monde. Le R. Père Supérieur encore une fois chanta une messe de *Requiem*, fit l'absoute et le cercueil fut immédiatement déposé dans le caveau qui lui était destiné. C'est du côté de l'évangile de l'autel de Saint-Ignace, sous le tableau de saint Louis de Gonzague; lorsque, il y a dix-neuf ans, Mgr Garnier avait présidé à l'enterrement de Mgr Languillat, au côté de l'épître, sous le tableau de saint Stanislas, Sa Grandeur avait voulu qu'on préparât dès lors pour elle ce second caveau en tout semblable au premier.

C'est là que reposent les deux Évêques qui ont gouverné notre Mission de 1865 à 1898.

Paris, fête de saint François-Xavier,
3 décembre 1898.

LISTE ALPHABÉTIQUE

DES NOMS PROPRES ET DES EXPRESSIONS CHINOISES

(La date mise entre parenthèses est celle du décès; les autres chiffres indiquent les pages.)

1. Le texte porte par erreur Jacques de Agriard.
Plusieurs corrections moins importantes et quelques variantes d'orthographe seront proposées dans cette liste.

1. A la page 101, on a omis cette note : « Hélas! trop souvent, ce titre relativement honorable d' « étranger » est converti en une injure. Que de fois le prêtre européen n'entend-il pas résonner à ses oreilles le fameux *yang-koei-tse*, « diable d'Occident »!

Paris. — J. Mersch, imp., 4bis, Av. de Châtillon.

www.ingramcontent.com/pod-product-compliance
Ingram Content Group UK Ltd.
Pitfield, Milton Keynes, MK11 3LW, UK
UKHW020331230726
13925UKWH00002B/732

9 782013 671620